Kurzreferenz der Alaska Essenzen

© 2013, 2023 Sann GmbH, Schweinheimer Str. 6 B, 63739 Aschaffenburg, Deutschland

Herstellung und Verlag: BoD - Books on Demand, Norderstedt

ISBN-10: 373-224-251-1
ISBN-13: 978-373-224-251-1

Texte: Steve Johnson
Coverfoto: Steve Johnson
Herausgeber: Carsten Sann
Satz: Carsten Sann

Die Deutsche Nationalbibliothek verzeichnet diese Publikation in der Deutschen Nationalbibliografie; detaillierte bibliografische Daten sind im Internet über http://dnb.d-nb.de abrufbar.

http://www.alaskanessences.cominfo@ alaskanessences.com

INHALTSVERZEICHNIS

Einleitung 5

Die Blütenessenzen 9

Die Edelsteinessenzen 29

Die Umweltessenzen 39

Die Mischungen und Sprays 43

Die Forschungsessenzen 53

    Blütenessenzen *53*

    Edelsteinessenzen *60*

    Umweltessenzen *67*

Fortlaufende Testliste (218) 71

Bezugsquellen 75

Literatur 75

EINLEITUNG

Über Alaska

Die energetische Reinheit der Natur Alaskas war es, die mich dazu gebracht hat, an diesem Ort Essenzen herzustellen. Alaska ist eine der wenigen Regionen auf unserem Planeten, an dem die Natur noch fast genauso ist wie vor Tausenden von Jahren. In einem Gebiet, das etwa 20 % der Gesamtfläche der Vereinigten Staaten ausmacht, leben weniger als 630.000 Menschen, und die Hälfte davon wohnt in den drei größten Städten. Das Reich der Pflanzen und Elemente ist hier noch intakt, gesund und üppig, denn ein großer Teil des Bundesstaats wurde noch nie von menschlicher Hand berührt.

Alles Leben, das hier existiert, war gezwungen, sich auf besondere Weise anzupassen, um seine Existenz in dem extremen Klima zu sichern, das von konstanter Veränderung gekennzeichnet ist. Während wir ein neues Jahrhundert und ein neues Jahrtausend beginnen, sind die Qualitäten, die es uns ermöglichen in einem Umfeld ständiger Veränderung zu gedeihen, wichtiger als je zuvor. Diese Qualitäten werden von den Alaska Essenzen verkörpert. Wenn wir diese Essenzen studieren und anwenden können wir aufwachen, und diese Qualitäten in uns selbst zum Leben erwecken.

Ein dreigliedriges Heilsystem

Das *Alaskan Flower Essences Project* ist der einzige Essenzenhersteller weltweit, der ein System von Schwingungsmitteln entwickelt hat, das auf der ko-kreativen Beziehung zwischen den Reichen der Pflanzen, der Mineralien und der Elemente basiert. Dieses dreigliedrige System basiert auf den besonderen Qualitäten der Heilenergien, die jedes der Reiche anzubieten hat, sowie auf der Synergie, die entsteht, wenn die Essenzen aus diesen drei Bereichen zusammen verwendet werden. Hier ist eine kurze Einführung in die drei Arten von Essenzen, aus denen unser System besteht:

Blütenessenzen: Das Reich der Pflanzen nimmt die zentrale Rolle in dieser Beziehung ein, und bringt das Geschenk des spirituellen Bewusstseins auf die Erde. Essenzen aus Blüten erwecken positive Qualitäten des Bewusstseins in uns, ermöglichen uns, uns für Lebenslektionen zu öffnen, und sie mit größerem Bewusstsein und Verständnis zu vollenden.

Edelsteinessenzen: Das Reich der Mineralien hilft uns dabei, die Veränderungen im Bewusstsein, die von den Blütenessenzen in Gang gebracht werden, vollständig zu verankern und zu verkörpern. Genauso wie die Felsen und der Erdboden des Planeten dem Wachstum des Pflanzenreichs Struktur und Stabilität gibt, stabilisieren und strukturieren die Edelsteinessenzen unser Energiesystem, damit unser Körper im Gleichgewicht bleiben kann, während unser Bewusstsein wächst und sich ausdehnt.

Umweltessenzen: Das Geschenk des Reichs der Elemente ist die Energie für Veränderung. Die Natur stellt durch die Elemente Luft, Erde, Feuer und Wasser unverzichtbare Nahrung für alles Leben zur Verfügung. Essenzen mit den Energien der Elemente bieten uns kraftvolle energetische Qualitäten an, die wir benötigen, um Veränderungen am Kern unseres Seins zu erschaffen und aufrechtzuerhalten.

Blütenessenzen und Heilung

Blüten sind die Krone des Pflanzenreichs, göttlicher Ausdruck der Kreativität, der durch himmlische Düfte und umwerfende Farben manifest wird. Diese göttliche Kreativität zeigt sich auch auf der feinstofflichen Ebene der Schwingungen, auf der jede Blüte ein lebensbejahendes Muster bewusster Energie verkörpert.

Blütenessenzen sind die Übertragung dieser positiven Energiemuster auf ein flüssiges Medium. Dies geschieht, indem man gesunde Blüten auf dem Höhepunkt ihrer Blüte in eine Schale mit reinem Wasser legt, die zur Potenzierung im Sonnenlicht steht. Die entstehende Muttertinktur wird anschließend für die innere und äußere Anwendung konserviert und verdünnt.

Die Wirkung von Blütenessenzen besteht darin, dass sie ein Wachstum im Bewusstsein der Menschen in Gang bringen. Sie tun dies, indem sie uns dabei helfen, emotionale und mentale Qualitäten in uns zu erkennen, die erweckt oder gestärkt werden müssen. Sie helfen uns außerdem, alte Weisen des Denkens, Handelns und Seins zu verändern, die nicht länger zu unserem höchsten Wohl sind.

Blütenessenzen sind deswegen einzigartig, weil sie eine Quelle intelligenter Heilenergie sind, die dem Menschen, der sie anwendet, sowohl Training als auch Ermächtigung ermöglicht. Sie können jederzeit in einen beliebigen Behandlungsplan eingebaut werden, beeinträchtigen nicht die Wirkung von anderen Behandlungsmethoden wie z.B. homöopathischen oder allopathischen Mitteln, und können bedenkenlos von Menschen allen Alters verwendet werden. Blütenessenzen können ebenfalls ein heilendes Geschenk für die Lebewesen des Tier- oder Pflanzenreich sein.

Über uns

Im Jahr 1983 war ich der Leiter einer Feuerwache in einem entlegenen Dorf am Nordufer des Minchumina Sees in Alaska. Dieser See, der im geographischen Zentrum des Bundesstaats gelegen ist, sitzt wie ein Juwel in der Krone der Alaska Bergkette und bietet einen beeindruckenden Blick auf den Denali, den höchsten Berg auf dem nordamerikanischen Kontinent. In diesem unberührten Paradies für Wildblumen habe ich damit begonnen, die Alaska Blütenessenzen herzustellen.

Ich habe das Alaskan Flower Essence Project im Januar 1984 gegründet, um die Herstellung und Erforschung der Essenzen der ausgedehnten und einzigartigen ökologischen Regionen des Bundesstaats zu koordinieren. In diesem Sommer entstand auch das damals neuartige Konzept der Erschaffung von Umweltessenzen, als ich die Essenz des Sturms zur Sonnenwende herstellte.

Im Herbst 1984 stieß Shabd-Sangeet Khalsa als Mitbegründerin zum Projekt dazu, und brachte ihr beträchtliches botanisches Wissen und ihre umfangreiche Erfahrung mit der Flora Alaskas mit ein. Shabd-Sangeet arbeitete bis 1991 intensiv bei der Herstellung und Erforschung der Essenzen im Projekt mit. Während dieser acht Jahre war sie diejenige, die 42 der Essenzen aus unserem Repertoire erstmalig herstellte.

Im Jahr 1985 steuerte Janice Schofield, eine bekannte Kräuterkundige und Autorin, eine Reihe von Blütenessenzen aus der Kachemak Bay und dem Rocky River Gebiet in Alaska bei.

Mein Beruf als Feuerwehrmann bot mir weiterhin viele einzigartige und inspirierende Möglichkeiten, die Natur zu beobachten und Blüten- und Umweltessenzen in anderen abgelegenen Regionen des Bundesstaats herzustellen. Im Jahr 1991 habe ich mich schließlich nach 15 Jahren in Alaska als Feuerwehrmann zur Ruhe gesetzt, und bin zusammen mit meinem Unternehmen nach Homer umgezogen, einer kleinen Küstenstadt im Süden des Bundesstaats.

In Homer gesellte sich bei meinen Aktivitäten in Forschung und Lehre Jane Bell, eine Therapeutin und Lehrerin für Blütenessenzen, zu mir. Die Bandbreite unserer Zusammenarbeit erweiterte sich, als Jane und ich im Sommer 1992 zusammen die 48 Alaska Edelsteinelixiere herstellten. Jane und ich stellen immer noch neue Essenzen her und erforschen sie, aber unser Fokus liegt heute auf der Förderung und Weiterentwicklung unserer Trainings- und Zertifizierungsprogramme für Essenzentherapeuten.

DIE BLÜTENESSENZEN

Die Entwicklung der 72 Essenzen des Therapeutensets erstreckte sich über einen Zeitraum von acht Jahren und erforderte es, Tausende von Kilometern durch die Wildnis Alaskas zu reisen. Diese Essenzen repräsentieren die primären Pflanzenenergien in den wesentlichen Bioregionen des Bundesstaats. Eine Bioregion ist ein geographischer Bereich, dessen Grenzen von der Natur festgelegt werden – von der Flora und Fauna, die dort lebt und wächst, sowie vom jeweiligen Klima und der Landschaft. Die Bioregion, die im Therapeutenset am meisten vertreten ist, ist das weitläufige Landesinnere von Alaska. Dieser Bereich liegt zwischen der beeindruckenden Weite der Brooks Bergkette im Norden und der majestätischen Alaska Bergkette im Süden. Pflanzen aus dieser Bioregion bilden das Herz der Vegetation der Nordwälder dieses Planeten, und die Essenzen, die mit ihrer Hilfe hergestellt werden, helfen uns, unsere grundlegendsten Muster zu transformieren, diejenigen Muster, die die größte Wirkung auf unser Leben haben.

Die Informationen über jede Blütenessenz im Therapeutenset teilt sich auf in **Themen**, also Zustände, die anzeigen, dass eine spezifische Essenz von Nutzen sein kann, und **Qualitäten**, welche die Wirkung beschreiben, die Essenz in Bezug auf Energie, Unterstützung und Bewusstsein anzubieten hat.

Alder
Erle

Themen: Wenn man das Leben nur oberflächlich annimmt; wenn man nicht versteht, was man als Wahrheit fühlt.

Qualitäten: Fördert eine klare Wahrnehmung auf allen Ebenen; hilft uns dabei, Sehen und Wissen zu integrieren, damit wir unsere eigene höchste Wahrheit in jeder Erfahrung des Lebens erkennen.

Alpine Azalea
Gämsheide

Themen: Selbstzweifel; wenn man sich selbst Liebe vorenthält; wenn man nicht in der Lage ist, Mitgefühl für sich selbst zu haben.

Qualitäten: Hilft uns dabei, bedingungslose Selbstakzeptanz durch das Loslassen von Selbstzweifeln zu erreichen; öffnet unser Herz für die Energie der Liebe; lehrt uns Mitgefühl durch Verstehen.

Balsam Poplar
Balsam-Pappel

Themen: Inkonsistente emotionale und sexuelle Reaktionen, die oft in Schock und Trauma ihre Wurzeln haben, oder aber weil man nicht gut geerdet ist.

Qualitäten: Um körperliche oder emotionale Spannung aufgrund sexueller Traumen loszulassen; bringt den Kreislauf der Lebensenergie im Körper ins Gleichgewicht; hilft dabei, sich zu erden und die sexuelle Energie mit den planetaren Zyklen und Rhythmen ins Gleichgewicht zu bringen.

Black Spruce
Schwarz-Fichte

Themen: Zusammengezogene (kontrahierte) Wahrnehmung des Lebens; wenn man dazu neigt, Lektionen aus vergangenen Erfahrungen wieder zu vergessen; wenn man den Kontakt zur Weisheit der Seelenfamilie verloren hat.

Qualitäten: Fördert die Integration von vergangenen Lektionen und Erfahrungen in unser Bewusstsein; hilft dabei, Zugang zur ewigen und archetypischen Weisheit aus dem kollektiven Bewusstsein der Erde zu erhalten.

Bladderwort
Gewöhnlicher Wasserschlauch

Themen: Wenn man in Illusionen gefangen ist; wenn man nicht in der Lage ist, Entscheidungen zu treffen, die dem eigenen höchsten Wohl dienen; wenn man oft getäuscht oder ausgenutzt wird; Mangel an Urteilsvermögen.

Qualitäten: Hilft uns dabei, die Illusionen durch ein klares inneres Wissen zu zerschmettern; fördert das Urteilsvermögen, wenn man sich mit Unehrlichkeit bei anderen konfrontiert sieht; stärkt unsere Fähigkeit, die Wahrheit unabhängig von der sie umgebenden Verwirrung zu erkennen.

Blue Elf Viola
Veilchen

Themen: Wenn man nicht dazu in der Lage ist, Zorn auf klare und nicht-verletzende Weise auszudrücken; wenn man Schwierigkeiten dabei hat, Konflikte zu lösen, besonders in Gruppensituationen.

Qualitäten: Löst die schützende Energie auf, die wir um unseren Zorn, unsere Wut oder unsere Frustration aufgebaut haben; hilft uns, die Themen, die diesen Emotionen zugrunde liegen, zu verstehen, damit wir sie auf klare Weise aus dem Herzen heraus ausdrücken können.

Blueberry Pollen
Heidelbeerpollen

Themen: Fehlender Glaube an unserer Fähigkeit, Überfluss zu manifestieren; Armutsbewusstsein; wenn man Probleme damit hat, Dinge von anderen oder von der Erde anzunehmen.

Qualitäten: Hilft uns dabei, uns auf allen Ebenen auszuweiten, um den Wohlstand anzunehmen; fördert das Loslassen von mentalem und emotionalem Festhalten an Einstellungen, die unsere Fähigkeit, unseren Daseinszweck in materieller Form zu manifestieren, einschränken.

Bog Blueberry
Rauschbeere

Themen: Annehmen von Wohlstand nur nach selbst definierten Bedingungen; Festhalten an der Art und Weise, wie man glaubt, dass sich alle Dinge im Leben manifestieren müssen.

Qualitäten: Um Glaubenssätze zu neutralisieren, die die Erfahrung von Wohlstand auf allen Ebenen einschränken; ermutigt uns, uns für den Wohlstand, der uns angeboten wird, mit Akzeptanz und Dankbarkeit zu öffnen.

Bog Rosemary
Rosmarinheide

Themen: Mangel an Vertrauen; lähmende Angst vor dem Unbekannten; Unfähigkeit, Risiken einzugehen, um zu wachsen oder zu heilen.

Qualitäten: Fördert das Loslassen von Angst und Widerstand, die tief im Herzen festgehalten werden; stärkt das Vertrauen in die göttliche Unterstützung und Heilung.

Bunchberry
Kanadischer Hartriegel

Themen: Mangel an Konzentration; wenn man sich leicht von anderen ablenken lässt, oder sich in deren emotionalen Aufruhr „verfängt"; wenn man das Gefühl hat, nicht genug Zeit zu haben, um seine Aufgaben erledigen zu können.

Qualitäten: Fördert zusammenhängendes Denken; hilft uns dabei, uns unseres Festhaltens an Ablenkungen bewusst zu werden, und es anschließend aufzulösen; fördert mentale Standhaftigkeit, Fokus und emotionale Klarheit in schwierigen Situationen.

Cassandra
Torfgränke

Themen: Ängstlichkeit; wenn man Probleme dabei hat, die Aufmerksamkeit nach innen zu lenken; wenn man nicht dazu in der Lage ist, sich in tiefere Ebenen der Meditation zu entspannen.

Qualitäten: Beruhigend; fördert die Stille des Verstands; ermöglicht uns, das Leben aus einer stillen, inneren Perspektive heraus wahrzunehmen.

Cattail Pollen
Breitblättriger Rohrkolben (Pollen)

Themen: Wenn die Verbindungen und Verstrickungen, die nicht länger unserer höchsten Wahrheit dienen, uns schwächen; wenn man sich nicht für sich selbst einsetzen kann; wenn man sich von anderen nicht unterstützt fühlt.

Qualitäten: Hilft dabei, sich mit der eigenen Wahrheit zu verbinden, die den gewählten Lebensweg erhellt, und auch mit der inneren Stärke, um in Übereinstimmung mit dieser Wahrheit zu handeln.

Chiming Bells
Blauglöckchen

Themen: Depressiv; niedergeschlagen; entmutigt; wenn man im alltäglichen Leben keine Freude empfindet; wenn man auf tiefster Ebene einen Mangel an Stabilität und Unterstützung erlebt.

Qualitäten: Fördert das Erleben von Freude, Frieden und Stabilität auf körperlicher Ebene; hilft uns dabei, unsere Herzen für die liebende Energie der Göttlichen Mutter zu öffnen.

Columbine
Schöne Akelei

Themen: Schwache Wahrnehmung des Selbst; wenn man sich selbst mit anderen vergleicht; wenn man nicht in der Lage ist, die eigene einzigartige und unverkennbare Schönheit wertzuschätzen.

Qualitäten: Hilft uns dabei, unsere eigene einzigartige Schönheit unabhängig von dem, wie sie sich von anderen unterscheidet, wertzuschätzen; stärkt unser Gefühl für unser Selbst und die Fähigkeit, uns selbst zu zeigen, damit die anderen uns sehen können.

Comandra
Timberbeere

Thema: Wenn die seherischen Fähigkeiten unterentwickelt oder nicht genügend geerdet sind, und daher keinen praktischen Nutzen haben; wenn man sich zu sehr auf die Wahrnehmung der materiellen Aspekte der physischen Welt fokussiert.

Qualitäten: Unterstützt dabei, die notwendige Perspektive, sowohl auf die sichtbare als auch auf die unsichtbare Welt, aufrechtzuerhalten, während wir durch die gegenwärtig stattfindende Dimensionsverschiebung gehen; öffnet das Herz, damit es eine Brücke zwischen der dritten und vierten Dimension sein kann; hilft uns dabei, unser Potenzial zu entwickeln, damit wir die materielle Welt aus einer höheren Perspektive sehen können.

Cotton Grass
Wollgras

Themen: Schock und Trauma aufgrund eines Unfalls oder irgendeiner Verletzung; wenn man sich mehr auf das eigene Leiden als auf den Heilungsprozess fixiert; wenn man nicht in der Lage ist, sich vollständig von einer alten Verletzung zu erholen, weil man sich nicht der Ursache bewusst ist, die zu dieser Verletzung geführt hat.

Qualitäten: Hilft dabei, die eigentliche Ursache zu verstehen, die zu einem Unfall oder einer Verletzung geführt haben, damit man das damit verbundene körperliche, emotionale oder mentale Trauma loslassen kann.

Cow Parsnip
Wiesen-Bärenklau

Themen: Nicht geerdet; wenn man sich von seinen Wurzeln abgeschnitten fühlt; wenn man sich der eigenen inneren Ausrichtung nicht sicher ist; wenn man Probleme hat, sich nach einem Umzug an die neue Umgebung anzupassen, oder die Verbindung zu ihr aufzunehmen.

Qualitäten: Fördert innere Stärke; unterstützt beim Anpassungsprozess an neue Umgebungen; stärkt ein Gefühl des inneren Friedens und der Zufriedenheit mit den momentanen Umständen, besonders auch in Zeiten großer Veränderungen und Umbrüche.

Dandelion
Löwenzahn

Themen: Mangel an Erkenntnis über die tieferen mentalen Einstellungen, die zu chronischer Muskelverspannung geführt haben; Probleme beim Loslassen von emotionalen Energien, die im Körper gespeichert werden.

Qualitäten: Fördert das Bewusstsein und das Loslassen von emotionaler Anspannung, die im Muskelgewebe gespeichert wird; verbessert die Körper-Geist-Kommunikation, damit wir besser in der Lage sind, die darunter verborgenen Themen und Einstellungen zu erkennen, die dazu geführt haben, dass wir Anspannung in unserem Körper erschaffen und festhalten.

Fireweed
Schmalblättriges Weidenröschen

Themen: Schock oder Trauma; energetische Blockaden jeglicher Art; wenn man sich ausgebrannt fühlt; schwache Verbindung zur Erde.

Qualitäten: Stärkt die Verbindung zur Erde; hilft dabei, alte energetische Muster, die in den feinstofflichen Körpern gespeichert sind, zu durchbrechen, damit neue Zyklen der Revitalisierung und der Erneuerung beginnen können.

Forget-Me-Not
Vergissmeinnicht

Themen: Wenn man sich abgetrennt fühlt; wenn man Schwierigkeiten damit hat, sich mit den spirituellen Dimensionen zu verbinden; wenn eine tiefere Verbindung mit anderen Menschen durch unterbewusste Ängste blockiert wird; wenn man sich aufgrund vergangener Dinge schuldig fühlt.

Qualitäten: Erleichtert das Loslassen von Angst, Schuldgefühlen und Schmerz, die im Unterbewusstsein festgehalten werden; ermöglicht uns, wieder Respekt und Mitgefühl für uns und andere entwickeln zu können.

Foxglove
Roter Fingerhut

Themen: Angst vor dem Unbekannten; Mangel an Perspektive, wie man mit schwierigen Situationen umgehen kann; wenn man nicht in der Lage ist, die Lektion oder das Thema im Kern eines Konflikts oder eines Problems zu erkennen.

Qualitäten: Stimuliert das Loslassen von Angst und emotionaler Anspannung; ermöglicht, dass sich unsere Wahrnehmung ausweitet, und sich mit der Wahrheit hinter der Situation verbindet.

Golden Corydalis
Goldener Lerchensporn

Themen: Wenn man seine Fähigkeiten und Talente nicht dazu bringen kann, fokussiert zusammenzuarbeiten; wenn man von neuen Erfahrungen überwältigt ist; wenn man nicht verstehen kann, wie die Einzelteile des eigenen Lebens zusammenpassen.

Qualitäten: Unterstützt die Wiederintegration der eigenen Identität nach einer tiefgehenden, transformativen Erfahrung; hilft uns dabei, eine Verbindung mit dem Höheren Selbst aufzubauen und aufrechtzuerhalten, die die Integration von Lebenserfahrungen entsprechend der Bedürfnisse der Seele unterstützt.

Grass of Parnassus
Sumpf-Herzblatt

Themen: Wenn man Schwierigkeiten hat, das eigene Energieniveau in vergifteten oder überfüllten Umgebungen aufrechtzuerhalten; wenn die feinstofflichen Körper gereinigt und neu energetisiert werden müssen.

Qualitäten: Badet alle Ebenen des Energiesystems mit den reinigenden und unterstützenden Energien des Lichts; hilft uns dabei, vergangene Erfahrungen auf allen Ebenen abzuschließen.

Green Bells of Ireland
Muschelblume

Themen: Nicht geerdet; wenn eine bewusste Herzverbindung zur Natur fehlt; wenn man sich des Lichts und der Intelligenz in der Natur nicht bewusst ist.

Qualitäten: Öffnet unser Bewusstsein für das Licht und die Intelligenz der Natur; hilft Neugeborenen dabei, die Erde zu begrüßen; stärkt die energetische Verbindung zwischen dem Körper und der Erde.

Green Bog Orchid
Wenigblütige Waldhyazinthe

Themen: Wenn die Sensibilität für sich selbst und andere durch Angst und Schmerz blockiert wird, die wir tief in unserem Herzen festhalten; Mangel an Vertrauen in die tieferen Beweggründe; wenn man Probleme damit hat, aus dem Herzen heraus zu kommunizieren.

Qualitäten: Stimuliert das sanfte Loslassen von Angst und Schmerz aus den Tiefen des Herzens; erweitert das Gewahrsein für die eigene innere Natur; unterstützt die Entwicklung einer Herzensverbindung mit anderen und den Königreichen der Natur.

Green Fairy Orchid
Sumpf-Weichorchis

Themen: Grundlegendes Ungleichgewicht zwischen den männlichen und weiblichen Aspekten des **Selbst**; wenn man Probleme damit hat, Konflikte im Herzen zu lösen; wenn man durch seine Verteidigungshaltung die Trennung aufrecht erhält.

Qualitäten: Hilft uns dabei, Ehrlichkeit im Herzen zu etablieren, bei der nichts verborgen bleibt; weitet das Herz, damit es die Fülle des inneren Mannes und der inneren Frau aufnehmen kann.

Grove Sandwort
Waldmiere

Themen: Wenn man einen Mangel an körperlicher und emotionaler Zuwendung spürt; zu schwache Bindung zwischen Mutter und Kind; wenn man sich nicht von der Erde unterstützt fühlt.

Qualitäten: Hilft uns dabei, eine klare energetische Kommunikation mit der Erde zu etablieren; unterstützt eine nährende Beziehung zwischen der Erde und allen Lebewesen; stärkt die körperlichen und emotionalen Bande zwischen Mutter und Kind.

Hairy Butterwort
Zottiges Fettkraut

Themen: Wenn man nicht in der Lage ist, höhere Führung und Unterstützung anzuerkennen, oder ihr zu vertrauen, besonders wenn man sich schwierigen Situationen oder Lebenslektionen gegenüber sieht; Mangel an Bewusstsein für das Kernthema, das man sich ansehen muss, um eine schwierige Situation zu lösen.

Qualitäten: Hilft uns dabei, bewussten Zugang zur Unterstützung und Führung zu erhalten, die wir benötigen, um mit Leichtigkeit durch Veränderungen, Konflikte oder Schwierigkeiten zu gehen, und dabei darauf zu verzichten, Krisen oder Krankheiten zu erschaffen.

Harebell
Glockenblume

Themen: Wenn man sich ungeliebt und von der Quelle abgeschnitten fühlt; wenn man außerhalb von sich selbst nach Liebe sucht.

Qualitäten: Hilft uns dabei, selbst auferlegte Beschränkungen zu entfernen und alle Bereiche unseres Lebens für die universelle Liebe und Gegenwart des Göttlichen zu öffnen.

Horsetail
Acker-Schachtelhalm

Themen: Gestörte Kommunikation mit anderen Ebenen des eigenen Bewusstseins; wenn man Probleme hat, mit den höheren Selbsten anderer zu kommunizieren (auch bei Tieren).

Qualitäten: Verbundensein; öffnet und erweitert die Kommunikationskanäle zwischen den bewussten, unterbewussten und höheren Ebenen unseres Seins; verbessert die Kommunikation mit Tieren.

Icelandic Poppy
Isländischer Mohn

Themen: Wenn man Bedingungen in Bezug darauf stellt, wie man Spirit in sein Leben lassen will; wenn sexuelle, spirituelle oder Überlebensaspekte des Lebens nicht integriert sind.

Qualitäten: Unterstützt das sanfte sich Entfalten der spirituellen Empfänglichkeit; stärkt unsere Fähigkeit, spirituelle Energie in allen Aspekten unseres Lebens zu integrieren und auszustrahlen.

Jacob's Ladder
Jakobsleiter

Themen: Wenn man sich in Bezug auf Absicht oder Motivation unsicher ist; wenn man kein Vertrauen in die spirituelle Welt hat; wenn man versucht, das Leben mit dem Verstand zu kontrollieren, um die eigenen Bedürfnisse und Wünsche zu erfüllen.

Qualitäten: Bringt Intention und Motivation mit dem Höheren Selbst in Einklang; hilft uns dabei, uns vom Zustand in dem wir uns bemühen „es auf die Reihe zu bekommen" in einen Zustand zu bewegen, in dem wir offen für die Weisheit sind, die in jedem Moment zur Verfügung steht.

Labrador Tea
Sumpfporst

Themen: Sucht; wenn man versucht das eine Extrem mit einem anderen auszugleichen; extreme Ungleichgewichte einem beliebigen Lebensbereich; wenn man Schwierigkeiten hat, nach einem traumatischen oder verunsichernden Erlebnis wieder seine Mitte zu finden.

Qualitäten: Zentriert die Energie im Körper, im gegenwärtigen Moment; lindert Stress, wenn man Extremen ausgesetzt ist; hilft uns fortwährend eine neue Perspektive des Gleichgewichts zu erlernen.

Lace Flower
Schaumblüte

Themen: Mangel an Bewusstsein, Annahme oder Wertschätzung in Bezug auf unsere eigene natürliche Schönheit, und den uns angeborenen Wert; wenn man sich unbedeutend fühlt; wenn man sich nicht sicher ist, wie die eigenen privaten oder beruflichen Beiträge zum Ganzen beitragen.

Qualitäten: Stärkt die Selbstakzeptanz und unseren Sinn für den Selbstwert; fördert die Erkenntnis, wie der Beitrag jedes einzelnen Menschen das Ganze bereichert.

Ladies' Tresses
Romanzoffs Drehwurz

Themen: Mangel an Bewusstsein in Bezug auf die Verbindung von Lebenslektionen und dem Daseinszweck; wenn man Probleme hat, sich nach einer ernsthaften Verletzung oder einem traumatischen Erlebnis wieder mit seinem Körper zu verbinden.

Qualitäten: Fördert eine tiefgehende innere Neuausrichtung auf den Daseinszweck, indem Traumen auf Zellebene losgelassen werden; hilft uns dabei, uns energetisch wieder mit Teilen des Körpers zu verbinden, die verletzt oder traumatisiert gewesen sind.

Lady's Slipper
Frauenschuh

Themen: Mangel an Sensibilität für den Fluss der Energie im Körper und um ihn herum; wenn man Widerstände dagegen hat, heilende Energie von anderen anzunehmen.

Qualitäten: Reguliert den Energiefluss in allen Energiekanälen des Körpers; steigert das Bewusstsein für den Fluss der feinstofflichen Energie im Körper und um ihn herum; hilft uns dabei, heilende Energie für uns selbst und andere zu empfangen, uns darauf zu fokussieren, und sie zu lenken.

Lamb's Quarters
Weißer Gänsefuß

Themen: Wenn die Perspektive auf das beschränkt ist, was wir mit dem Verstand erfassen können; wenn Gleichgewicht und Harmonie zwischen dem Herzen und dem Verstand, der Ratio und der Intuition fehlen.

Qualitäten: Heilt die Trennung zwischen Herz und Verstand; bringt die Kraft des Verstandes mit der Freude des Herzens ins Gleichgewicht.

Monkshood
Blauer Alaska-Eisenhut

Themen: Wenn man Schwierigkeiten damit hat, anderen körperlich nahe zu sein; wenn das Gefühl für die eigene spirituelle Identität konfus ist; wenn man Angst davor hat, mit den eigenen Schattenseiten in Kontakt zu kommen.

Qualitäten: Gibt Schutz und Unterstützung, wenn es darum geht, mit den tiefsten Ebenen des inneren Selbst in Verbindung zu kommen; stärkt unsere Fähigkeit, mit anderen zu interagieren, indem sie eine klare Wahrnehmung unserer eigenen göttlichen Identität fördert.

Moschatel
Moschuskraut

Themen: Wenn man einen zu intellektuellen Fokus auf das Leben hat; wenn man glaubt, dass man um alles kämpfen muss; wenn man ohne Freude erschafft.

Qualitäten: Lehrt uns, wie wir mehr erreichen können, indem wir unseren mentalen Fokus auf die Erde richten; hilft uns dabei zu lernen, wie wir durch Feiern und Spiel zusammen mit der Natur ko-kreieren können.

Mountain Wormwood
Berg-Wermut

Themen: Ungelöster Groll und Zorn; wenn man sich selbst oder anderen nur schwer für frühere Handlungen vergeben kann, egal aus welchem Grund sie geschehen sind.

Qualitäten: Stimuliert die Heilung alter Wunden, indem Groll losgelassen wird; hilft dabei, dass wir uns in Aspekten in Bezug auf uns selbst und unsere Beziehungen zu anderen, in denen wir uns bisher noch nicht selbst vergeben haben, hingeben können.

Northern Lady's Slipper
Sperlingsei-Frauenschuh

Themen: Schwache Verbindung zwischen Körper und Seele; traumatisches Geburtserlebnis; Schmerz und Trauma, die tief im Körper gespeichert sind.

Qualitäten: Nährende Energie für die Heilung von tiefsten Traumen und Wunden, die tief im Körper gespeichert sind; hilft uns dabei, zuzulassen, dass unser Sein von der unendlichen Sanftheit berührt und geheilt wird.

Northern Twayblade
Zweiblatt

Themen: Widerstand dagegen, sich den feinstofflichen Aspekten des eigenen Bewusstseins zu öffnen; wenn man nicht in der Lage ist, die eigene spirituelle Weisheit und göttliche Natur mit den grundlegendsten Bedürfnissen zusammenzubringen.

Qualitäten: Hilft uns dabei, unsere Sensibilität für die feinstofflichen Ebenen vollständiger in unserem Körper und unserer Lebenserfahrung zu erden; hilft uns dabei, unsere grundlegendsten Bedürfnisse, Instinkte und alltäglichen Realitäten mit den besten Aspekten unserer spirituellen Weisheit zu erhellen.

One-Sided Wintergreen
Birngrün

Themen: Durchlässige energetische Grenzen; wenn man sich von der Energie anderer Menschen stark beeinflussen lässt; wenn man sich der eigenen Energie und ihrer Wirkung auf andere nicht bewusst ist.

Qualitäten: Hilft sensiblen Menschen dabei, sich bewusst zu werden, wie sie andere beeinflussen und von ihnen beeinflusst werden; lehrt uns, in der Nähe anderer Menschen zu arbeiten, ohne unsere Mitte zu verlieren; hilft uns dabei, effektive energetische Grenzen zu erschaffen.

Opium Poppy
Schlafmohn

Themen: Wenn man nicht in der Lage ist, das Gleichgewicht zwischen Aktivität und Ruhephasen zu finden; tiefgehende Erschöpfung; wenn man sich seiner Erfolge aus der Vergangenheit nicht bewusst ist; wenn man Probleme damit hat, Lektionen und Erfahrungen zu verstehen und zu integrieren.

Qualitäten: Hilft dabei, ein Gleichgewicht zwischen Handeln und Sein zu finden; hilft uns dabei, frühere Erfahrungen zu integrieren, damit wir besser im Hier und Jetzt leben können.

Paper Birch
Papier-Birke

Themen: Verwirrung oder Desorientierung über die Richtung, die das Leben nehmen sollte; wenn man nicht in der Lage ist, sich mit tieferen Ebenen der Einsicht in Bezug auf den Daseinszweck zu verbinden.

Qualitäten: Fördert ein sanftes Enthüllen des wahren und grundlegendsten **Selbst**, das in uns wohnt; hilft uns dabei, eine klarere Perspektive in Bezug auf unseren Daseinszweck zu erlangen, und darüber, wie wir ihn leben können.

Pineapple Weed
Strahlenlose Kamille

Themen: Mangel an Harmonie mit unserer materiellen Umgebung; wenn man sich der Unterstützung und Nährung durch die Natur nicht bewusst ist; wenn die nährende Bindung zwischen Mutter und Kind nur schwach ausgeprägt ist.

Qualitäten: Hilft uns dabei, ein ruhiges Gewahrsein unserer selbst und unserer Umgebung aufrechtzuerhalten, damit wir Verletzungen und Risiken aus dem Weg gehen können; fördert die Harmonie zwischen Mutter und Kind und zwischen den Menschen und der Erde.

Prickly Wild Rose
Nadel-Rose

Themen: Mangel an Vertrauen und Glauben; wenn man sich hoffnungslos fühlt; wenn man apathisch ist und kein Interesse am Leben hat; wenn man nicht in der Lage ist, das Herz während widriger Umstände offen zu halten.

Qualitäten: Hilft uns dabei, das Herz offen zu lassen, wenn wir uns Konflikten und Kämpfen gegenübersehen; bildet Vertrauen; ermutigt Offenheit und mutiges Interesse am Leben.

River Beauty
Arktisches Weidenröschen

Themen: Wenn man emotional am Boden zerstört ist; wenn man von Trauer, Traurigkeit oder einem Gefühl des Verlustes überwältigt ist; Schock und Trauma aufgrund von sexuellem Missbrauch.

Qualitäten: Emotionale Erholung, Neuorientierung und Regeneration; hilft uns dabei, nach emotional niederschmetternden Erlebnissen neu zu beginnen; ermächtigt uns, widrige Umstände als Anreiz für Reinigung und Wachstum zu benutzen.

Round-Leaved Sundew
Rundblättriger Sonnentau

Themen: Wenn man sich an Bekanntem festklammert; wenn man Angst vor dem Unbekannten hat; wenn man eher kämpfen würde als sich zu verändern; wenn man sich zu sehr mit dem Ego identifiziert; wenn die Kommunikation zwischen dem höheren und dem niederen Selbst nicht gut funktioniert.

Qualitäten: Um das Festklammern am Bekannten zu lösen, und den Widerstand gegen das Unbekannte aufzugeben; hilft uns, die Stärke des Egos in Einklang mit dem göttlichen Willen zu bringen.

Shooting Star
Alaska-Götterblume

Thema: Wenn man das Gefühl hat, nicht auf die Erde zu gehören; wenn man Heimweh nach einem nicht identifizierbaren Ort hat; wenn man nicht in der Lage ist, auf bewusster Ebene zu verstehen, warum man hier ist.

Qualitäten: Stärkt die Verbindung zu eigenen inneren spirituellen Führung; bringt ein tieferes Verständnis für unsere kosmischen Wurzeln und den irdischen Daseinszweck.

Single Delight
Moosauge

Themen: Wenn man sich isoliert und alleine fühlt, besonders in düsteren oder niedergeschlagenen Zeiten; wenn die innere Vision verschleiert ist; wenn man nicht in der Lage ist, die Verbindung zur eigenen Seelenfamilie zu spüren.

Qualitäten: Für Menschen, die unter dem Gefühl der Isolation leiden; hilft uns dabei, uns mit den anderen Mitgliedern unserer Seelenfamilie zu verbinden, und uns für sie zu öffnen.

Sitka Burnet
Wiesenknopf

Themen: Wenn man in sich eine Missstimmung unbekannten Ursprungs wahrnimmt; wenn man nicht in der Lage ist, die Quelle seiner Probleme im Leben zu bestimmen; wenn man Schwierigkeiten dabei hat, die Lektionen in seinen Lernerfahrungen zu verstehen.

Qualitäten: Um die Vergangenheit auf allen Ebenen zu heilen; hilft uns dabei, die Probleme zu identifizieren, die zum inneren Konflikt beitragen; arbeitet mit einer Person, um das volle Heilungspotenzial hervorzubringen, das in einem beliebigen Prozess möglich ist.

Sitka Spruce Pollen
Sitka-Fichte Pollen

Themen: Mangel an Bescheidenheit in der Beziehung mit der Erde; Ungleichgewicht zwischen den männlichen und weiblichen Aspekten in einem Menschen; wenn man die eigene Macht nur widerstrebend anwendet oder ausdrückt, weil man Angst davor hat, einen anderen zu verletzen.

Qualitäten: Bringt die männlichen und weiblichen Ausdrucksformen der Kraft eines Menschen ins Gleichgewicht; unterstützt, dabei im jeweiligen Moment richtig zu handeln.

Soapberry
Kanadische Büffelbeere

Themen: Wenn man Angst vor der Macht der Natur hat; wenn man Angst vor seiner eigenen Macht hat; wenn man seine Macht auf verantwortungslose, unangemessene oder unausgeglichene Weise anwendet.

Qualitäten: Stimuliert das Loslassen von Anspannungen im Herzen, die in Zusammenhang mit einer Angst vor der Natur stehen; hilft uns dabei, mit offenem Herzen durch Ängste hindurchzugehen; unterstützt uns dabei, den Ausdruck unserer Macht durch unser Herz zu kanalisieren.

Sphagnum Moss
Torfmoos

Themen: Wenn man seinen eigenen Weg der Heilung übermäßig kritisiert oder verurteilt; wenn man zwanghaft mit den täglichen Details seines eigenen Heilungsprozesses beschäftigt ist; wenn man nicht in der Lage ist, die positive Seite der transformativen Ereignisse zu erkennen.

Qualitäten: Hilft uns dabei, das Bedürfnis loszulassen, unseren eigenen Weg der Heilung scharf zu verurteilen oder zu kritisieren; ermöglicht es uns, einen Raum bedingungslosen Akzeptierens im Herzen zu erschaffen, damit unsere Kernthemen dorthin gehen können, um zu heilen.

Spiraea
Spierstrauch

Themen: Wenn man sich vom Leben nicht unterstützt fühlt; wenn man sich selbst Begrenzungen darüber auferlegt, wie man in seinem Leben Unterstützung zulässt; wenn man an den Dingen festhält, so wie sie sind, auch wenn man sie nicht mag.

Qualitäten: Ermutigt das bedingungslose Akzeptieren von Unterstützung aus jeder Quelle; lehrt uns, wie wir uns vom Leben nähren lassen können, indem wir offen und dankbar sind.

Sticky Geranium
Nördlicher Storchschnabel

Themen: Wenn man sich unkonzentriert, lethargisch oder unentschlossen fühlt; wenn man Widerstand dagegen fühlt, auf die nächste Ebene oder in die nächste Phase einer Erfahrung zu gehen; wenn einem die Energie fehlt, um Ziele zu erreichen; wenn man an der momentanen Ebene von Bewusstsein und Identität festhält.

Qualitäten: Um wieder in Gang zu kommen; unterstützt entschlossenes und konzentriertes Handeln; hilft uns, uns auf neue Ebenen des Wachstums und der Identität zu begeben.

Sunflower
Sonnenblume

Themen: Unausgeglichener Ausdruck von männlicher Energie bei Männern und Frauen; bei einer schwachen oder gestörten Beziehung zum Vater, oder zur eigenen Identität als Vater.

Qualitäten: Stärkt den strahlenden Ausdruck des **Selbst**; ermutigt einen ausgeglichenen Ausdruck der männlichen Energie bei Männern und Frauen; fördert eine funktionierende Beziehung zu Autoritätspersonen oder -institutionen.

Sweetgale
Gagelstrauch

Themen: Wenn die emotionalen Energien in den unteren Chakren blockiert sind; wenn die emotionale Kommunikation mit anderen defensiv ist, Klarheit fehlt, und von Konflikten, Anklagen und Schuldzuweisungen geprägt ist.

Qualitäten: Hilft uns dabei, tiefen emotionalen Schmerz und Anspannung zu identifizieren und loszulassen, die die Qualität unserer Kommunikation und Interaktion mit anderen beeinträchtigt, insbesondere in Beziehungen zwischen Männern und Frauen.

Sweetgrass
Duftendes Mariengras

Themen: Energetische Blockaden in den feinstofflichen Körpern; geringer Energiefluss während des Tages; wenn man Schwierigkeiten damit hat, einen Heilungsprozess endgültig abzuschließen; wenn man zuhause oder am Arbeitsplatz disharmonische Energien reinigen will.

Qualitäten: Reinigt und verjüngt die feinstofflichen Körper; bringt auf feinstofflicher Ebene Lektionen und Erfahrungen zu Ende; entfernt disharmonische Energien aus privaten oder beruflichen Umgebungen.

Tamarack
Ostamerikanische Lärche

Themen: Wenn man kein Vertrauen in die eigenen Fähigkeiten und Potenziale hat; wenn man nur ein schwaches Gefühl für die eigene Identität hat; wenn man sich dessen, was man in der Lage ist zu tun, nicht bewusst ist.

Qualitäten: Fördert das Selbstvertrauen, indem man ein tieferes Verständnis seiner einzigartigen Stärken und Fähigkeiten erlangt; ermutigt die bewusste Entwicklung der eigenen Individualität.

Tundra Rose
Fingerstrauch

Themen: Hoffnungslosigkeit; Mangel an Inspiration und Motivation; wenn man von der Verantwortung, die man übernommen hat, überwältigt ist.

Qualitäten: Bringt denen, die viel anzubieten haben, aber kurz davor sind aufzugeben, wieder Hoffnung, Mut und Inspiration; stärkt die Fähigkeit, die eigenen Verantwortlichkeiten mit einem stabileren Ausdruck von Freude und Enthusiasmus zu erfüllen.

Tundra Twayblade
Kleines Zweiblatt

Themen: Tiefer Schmerz und Qualen aufgrund von früheren Verletzungen; wenn das Herz verschlossen ist, weil man den Schmerz, der dort gespeichert ist, nicht fühlen will.

Qualitäten: Öffnet das Herz und ermöglicht der bedingungslosen Liebe den Zugang zu Körperregionen, die Heilung benötigen; unterstützt die Reinigung von Traumen, die im Körper auf Zellebene gespeichert sind.

Twinflower
Moosglöckchen

Themen: Wenn die Kommunikation defensiv oder reaktiv ist; wenn man nicht in der Lage ist, aus verschiedenen Aspekten des Selbst heraus klar zu kommunizieren; wenn man Schwierigkeiten hat, zu verstehen, was andere sagen.

Qualitäten: Fördert das Gleichgewicht in der Kommunikation; hilft uns dabei zu lernen, aus einem Zustand der inneren Ruhe und konzentrierten Neutralität heraus zuzuhören, und mit anderen zu sprechen.

White Fireweed
Weißes Weidenröschen

Themen: Tiefer emotionaler Schock und Trauma; massive Entfremdung vom Körper nach der Erfahrung von sexuellem oder emotionalem Missbrauch.

Qualitäten: Beruhigt den Emotionalkörper nach einem traumatischen oder schockierenden Erlebnis; hilft uns dabei, die Erinnerung des schmerzhaften emotionalen Erlebnisses aus dem Zellgedächtnis loszulassen, damit die Erneuerung beginnen kann.

White Spruce
Weiß-Fichte

Themen: Zu viel Information; wenn man sich des-integriert fühlt; wenn man nicht in der Lage ist, sein Wissen auf die Herausforderungen des Lebens anzuwenden; wenn man Schwierigkeiten hat, das was man fühlt, mit dem was man denkt, zusammenzubringen.

Qualitäten: Verankert spirituelle Weisheit im Körper; hilft uns dabei, Logik, Intuition und Emotionen zusammenzubringen, um im Hier und Jetzt konsistent handeln zu können.

White Violet
Weißes Veilchen

Themen: Wenn man sich in geschlossenen Räumen und eingeschränkten Umgebungen unwohl fühlt; wenn man Angst davor hat, in einer Gruppe die eigene Identität zu verlieren; wenn man nicht in der Lage ist, die eigene Sensibilität auf angenehme Art und Weise auszudrücken.

Qualitäten: Baut das Vertrauen in den Schutz durch das Höhere Selbst und wohlwollende spirituelle Kräfte auf; hilft denen, die sehr sensibel oder sich ihrer Umgebung überaus bewusst sind, ein starkes Gefühl für sich selbst aufrechtzuerhalten, egal wie die Dynamiken im Umfeld gerade sind.

Wild Iris
Borsten-Schwertlilie

Themen: Wenn man nicht an die eigene Fähigkeit zu Manifestieren glaubt; wenn man seinen kreativen Ausdruck blockiert, weil man nicht bereit ist, ihn mit anderen zu teilen; wenn man sich von der Quelle der eigenen Kreativität abgeschnitten fühlt.

Qualitäten: Öffnet das Bewusstsein das uns innewohnende kreative Potenzial; hilft uns, den wunderschönen Ausdruck göttlicher Kreativität zu erkennen, der wir sind; ermutigt uns, unsere innere Schönheit und kreative Energie freigiebig mit anderen zu teilen.

Wild Rhubarb
Alpenknöterich

Themen: Mentaler Widerstand und Unflexibilität; wenn der Verstand vom Ego beeinflusst wird; wenn die Kommunikation zwischen Herz und Verstand blockiert, oder nicht ausreichend entwickelt ist.

Qualitäten: Fördert mentale Flexibilität; bringt den Verstand durch das Herz in Einklang mit dem göttlichen Willen; ermutigt uns, unangemessene mentale Kontrolle loszulassen; bringt Ratio und Intuition ins Gleichgewicht.

Willow
Bebbs Weide

Themen: Wenn man Widerstände dagegen spürt, Verantwortung für die eigenen Handlungen oder für das Leben, das man sich erschaffen hat, zu übernehmen; wenn man sich nicht bewusst ist, wie Gedanken unsere Realität erschaffen.

Qualitäten: Stimuliert die mentale Empfänglichkeit, Flexibilität und Belastbarkeit; hilft uns, unsere Widerstände gegen die bewusste Erschaffung unseres Lebens aufzugeben.

Yarrow
Schafgarbe

Themen: Wenn man zu empfindlich auf die Umgebung reagiert; wenn man eher Schutz von außen sucht, anstatt ihn in sich zu suchen; wenn die Integrität der Aura durch Verletzung oder Trauma in diesem oder in einem früheren Leben beeinträchtigt wurde.

Qualitäten: Schließt energetische Lücken in der Aura; stärkt die Integrität des eigenen Energiefelds; hilft uns zu erkennen und umzusetzen, dass wir selbst die Quelle unseres Schutzes sind.

Yellow Dryas
Gelbe Silberwurz

Themen: Wenn man sich von der eigenen Seelenfamilie entfremdet fühlt; wenn man nicht in der Lage ist, die Verbindung zwischen den eigenen Erfahrungen und einem konsistenten, verständlichen Ganzen zu spüren.

Qualitäten: Unterstützung für diejenigen, die die Grenzen des Bekannten erforschen; hilft uns dabei, während der dynamischen Zyklen von Wachstum und Veränderung eine energetische Verbindung zu unserer Seelenfamilie aufrechtzuerhalten.

DIE EDELSTEINESSENZEN

Edelsteinessenzen sind Schwingungsmittel, die die potenzierten, heilenden Schwingungen eines bestimmten Edelsteins oder Minerals enthalten. Ihre vorrangige Wirkung ist es, das Energiefeld zu stabilisieren und ins Gleichgewicht zu bringen. Dies schließt auch die feinstofflichen Körper ein, aus denen die Aura besteht, sowie die Chakren, die Energiezentren des Körpers.

Das Set der Alaska Edelsteinessenzen wurde von Jane Bell und Steve Johnson im Sommer 1992 ko-kreiert. Die Absicht war es, eine Sammlung von Essenzen zusammenzustellen, die die Unterstützung des Reichs der Mineralien mit der Stärke und Reinheit der Natur Alaskas kombinieren würde.

Jede Alaska Edelsteinessenz ist an einem Ort in der unberührten Wildnis entstanden, der der besonderen Energie, die sie verkörpert, entspricht, und der die entsprechenden heilenden Qualitäten des Edelsteins am effektivsten auf das Wasser aufprägen würde. Einige dieser Essenzen wurden beispielsweise am Fuß eines Gletschers hergestellt, andere am Ufer eines der größten Seen Alaska, 240 km von der nächsten Straße entfernt, und wieder andere auf einer Bergwiese, die voll von wilden Blüten und von den Gipfeln der Alaska Bergkette umgeben war.

Die Edelsteinessenzen sind besonders effektiv, wenn man sie gleichzeitig mit Blütenessenzen anwendet, denn sie helfen dabei, die Veränderungen im Bewusstsein, die von den transformierenden Energien der Blütenessenzen in Bewegung gebracht werden, auf stofflicher Ebene zu stabilisieren und zu verankern.

Aquamarine
Aquamarin

Bringt eine ruhige, stille Klarheit in den überaktiven Mentalkörper; steigert die Fähigkeit, einen neutralen, gelassenen Gemütszustand zu erreichen; hilft dabei, eine mentale Oase der klaren, kühlen Empfänglichkeit zu erschaffen.

Aventurine
Aventurin

Stärkt die zentrale vertikale Achse, die uns während Erfahrungen der Ausdehnung stabilisiert; hilft uns dabei, neue Erfahrungen mit Anmut, Ausdauer und Beharrlichkeit in Angriff zu nehmen und zu durchleben; gut für spirituelle Wegbereiter und Pioniere.

Azurite

Azurit

Erdet die Kommunikation; öffnet und stärkt die Verbindung zwischen den weiblichen Kräften der Erde und dem fünften Chakra; hilft uns dabei, mit Vitalität, Authentizität und Sanftheit zu kommunizieren.

Black Tourmaline

Schwarzer Turmalin

Hilft uns dabei, alte, unerwünschte Energien, die im Körper festsitzen, durch neue, saubere und neutrale Energien zu ersetzen; ein Präzisionswerkzeug für das Loslassen von toxischen Energien aus dem Verstand, den Emotionen und dem Körper.

Bloodstone

Heliotrop

Stärkt unsere Verbindung zur Erde; bringt einen stärkeren Fluss der Erdenergien ins erste und zweite Chakra; stimuliert das Loslassen von emotionalen Energien, die in den unteren Chakren feststecken; bringt diese Energiezentren nach Traumen oder emotionaler Aufregung wieder ins Gleichgewicht.

Brazilian Amethyst

Brasilianischer Amethyst

Wandelt die Energie von niedrigen in höher schwingende Frequenzen; hilft dabei, die Energie aus einem zu materiellen Zustand zu erhöhen; hilft dabei, die eigene einzigartige spirituelle Identität zu spüren und zu erleben.

Brazilian Quartz

Brasilianischer Bergkristall

Die Essenz reinigenden weißen Lichtes; energetisiert und synchronisiert die Felder der Aura, der feinstofflichen Körper, und des physischen Körpers mit der natürlichen Schwingungsfrequenz der Erde.

Carnelian

Karneol

Steigert die Fähigkeit der feinstofflichen Körper, die Prana Energie aufzunehmen; energetisiert und klärt die Nadire (die energetische Schnittstelle zwischen den feinstofflichen Körpern und den Meridianen), und ermöglicht so einen verstärkten Energiefluss zu den Meridianen.

Chrysocolla
Chrysokoll

Öffnet und erweitert die inneren Dimensionen des Herzchakras und macht sie weicher; hilft uns dabei, Anspannung und Schutzmechanismen fallen zu lassen, wenn es darum geht, Liebe zu geben und zu empfangen; steigert die Flexibilität des Verstands und des Körpers und ermöglicht der Schwingung der Liebe, zu fließen.

Chrysoprase
Chrysopras

Bringt das Herzchakra in harmonische Einheit mit den grünen Energiefrequenzen des Planeten; synchronisiert die feinstofflichen Körper mit der Herzenergie der Erde; hilft uns dabei, die Erde als unser Zuhause zu akzeptieren.

Citrine
Zitrin

Harmonisiert den Mentalkörper mit den höheren spirituellen Gesetzen; verbessert den Zugang zur Göttlichen Intelligenz; verstärkt die Qualitäten von Konzentration, Zentrierung, und des rationalen Verstands.

Covellite
Covellin

Bringt Stärke, Klarheit und Exaktheit in die Aura; wirkt als ein Schutzfilter, der uns ermutigt, energetisch zu entspannen, und dabei unsere natürliche Fähigkeit, Liebe und Unterstützung aus der Umgebung zu empfangen, verbessert.

Diamond
Diamant

Bringt Klarheit ins sechste Chakra; bringt den eigenen und den göttlichen Willen in Einklang; hilft uns dabei, unseren eigenen Willen in seiner höchsten Form zu aktivieren; stärkt unsere Fähigkeit, in Übereinstimmung mit dem göttlichen Daseinszweck zu handeln.

Emerald
Smaragd

Ein universelles Mittel, um das Herz zu reinigen und ins Gleichgewicht zu bringen; hilft uns dabei, mit den Energien der Göttlichen Mutter in Kontakt zu kommen; überredet das Herz auf sanfte Weise, sich zu öffnen und im physischen Körper ein großartigeres Erleben der Liebe zu ermöglichen.

Fluorite
Fluorit

Der „Eisbrecher" unter den Edelsteinessenzen; verbessert die Zirkulation der Energie im physischen Körper, indem Blockaden in den feinstofflichen Körpern aufgebrochen werden.

Fluorite Combo
Fluorit Mischung

Synchronisiert die Bewegung zwischen den feinstofflichen und den physischen Körpern; stellt unseren Fokus fein ein, damit wir mit Präzision und Balance durch ein Problem oder einen Heilungsprozess gehen können.

Gold
Gold

Hilft uns, Zugang zu den höchsten Aspekten unserer persönlichen Identität zu erlangen und sie auszudrücken; bringt Kraft und Gleichgewicht ins dritte Chakra; hilft uns dabei, unsere innere Wahrheit, Freude und Weisheit als eine Quelle kreativer Kraft anzuzapfen.

Green Jasper
Grüner Jaspis

Verbindet die Rhythmen unseres Körpers wieder mit den Rhythmen der Erde, wenn es eine Unterbrechung im natürlichen Fluss gegeben hat; hilft uns dabei, uns mit dem wilden Femininen zu verbinden; stellt die irdische Sinnlichkeit und eine gesunde Sexualität wieder her.

Hematite
Hämatit

Stärkt die energetischen Grenzen im Emotionalkörper; fördert emotionale Unabhängigkeit statt Ko-Abhängigkeit; hilft uns dabei, einen Zustand mitfühlender Trennung aufrechtzuerhalten, wenn wir intensive Emotionen bei anderen erleben; hilft uns dabei, unseren eigenen emotionalen Ausdruck in vernünftigen Bahnen zu halten.

Herkimer Diamond
Herkimer Diamant

Ein hoch entwickelter Transmitter weißen Lichts; fördert die klare Sicht; stimuliert die Heilung auf allen Ebenen; fördert Klarheit während des Träumens; bringt Klarheit und Fokus ins sechste Chakra.

Jadeite Jade
Jadeit

Eine Frequenz von Frieden, Gleichgewicht und zeitloser Einfachheit; hilft uns dabei, zentriert im Moment zu bleiben, und voller Gewahrsein und Akzeptanz für unsere wahre Essenz zu sein.

Kunzite
Kunzit

Öffnet das Herz für das Bewusstsein der eigenen, engelsgleichen Natur; hilft uns dabei, die spirituelle Liebe der Ebene der Engel zu erleben, und sie in unseren physischen Körper zu integrieren.

Lapis Lazuli
Lapis Lazuli

Öffnet und klärt die Kommunikationskanäle im fünften Chakra; verstärkt die Fähigkeit, Informationen aus physischen und nichtphysischen Quellen zu hören; klärt Verwirrung zwischen Hören und Wissen; kalibriert den Fluss von Energie und Informationen zwischen dem fünften und sechsten Chakra.

Malachite
Malachit

Erdend; hilft die physischen, emotionalen, mentalen und spirituellen Ebenen des Seins auszurichten und zu harmonisieren; unterstützt die Einheit des Seins während aller äußerer Umstände.

Moldavite
Moldavit

Verbunden Sein; ein energetisches Fenster zur universellen Perspektive; hilft uns dabei, präsent im Jetzt zu sein, während wir Zugriff auf das haben, was wir vom Kosmos brauchen, um unser irdisches Potenzial auszudrücken.

Montana Rhodochrosite
Montana Rhodochrosit

Bringt Stärke und Stabilität ins vierte Chakra; klärt Verwirrung und Chaos im Herzen; klärt die Absicht und fördert mutiges Handeln aus dem Herzen heraus.

Moonstone
Mondstein

Reinigt und zirkuliert die Energie im Emotionalkörper; stärkt die weiblichen energetischen Aspekte von Empfänglichkeit und Intuition bei Frauen und Männern; fokussiert und gleicht die übersinnlichen Kräfte während der Menstruation aus.

Opal
Opal

Verjüngt verbrauchte emotionale und mentale Kräfte, und wirkt der Erschöpfung der Farbfrequenzen in der Aura entgegen; fördert die ätherischen und feinstofflichen Körper mit einem vollen Spektrum leuchtender Farben; frischt unsere kreativen Energien wieder auf.

Orange Calcite
Orangenkalzit

Vertreibt Dunkelheit und Trauer; verstärkt die Fähigkeit des Körpers, Licht auf Zellebene aufzunehmen; hebt die Stimmung, energetisiert und wärmt.

Pearl
Perle

Fördert das Loslassen von Schichten des Ärgers im Mental- und Emotionalkörper, die sich im physischen Körper als Härte und Inflexibilität zeigen; hilft dabei, Feindseligkeit gegenüber der eigenen Krankheit in Bewusstsein und Akzeptanz zu verwandeln.

Peridot
Peridot

Der Stein des Neuanfangs; stabilisiert die feinstofflichen Körper während wir über neuen Ideen und kreativen Projekten brüten; hilft uns dabei, neue Zyklen von Lernen und Erfahrung zu initiieren.

Pyrite
Pyrit

Hilft uns dabei, ein energetisches Fundament im Leben zu errichten, das auf unserer eigenen höchsten Wahrheit basiert; stärkt das Gefühl für das Selbst, besonders in Gruppendynamiken oder bei Gruppenzwang; hilft uns dabei, unsere wahren Werte zu festigen und zu respektieren.

Rhodochrosite
Rhodochrosit

Steigert Energie, Gleichgewicht und Stabilität im Herzchakra und im Körper; bringt eine ausgeglichene, nährende Erdenergie ins Herzchakra, wenn man eine heilende oder transformierende Erfahrung gemacht hat.

Rhodolite Garnet
Rhodolith Granat

Fördert die Fähigkeit, den physischen Körper anzunehmen; hilft uns dabei, uns energetisch mit den Teilen unseres Körpers zu verbinden, die verletzt oder traumatisiert sind; repariert das Netz feinstofflicher Energien in Bereichen, wo es durch Unfälle oder Operationen zerstört wurde.

Rose Quartz
Rosenquarz

Öffnet, beruhigt und besänftigt das Herz; hilft dabei, sich mit dem inneren Kind zu verbinden und es zu nähren; harmonisiert die Kräfte des Herzens, damit man in der Lage ist, mit sich selbst und anderen Intimität aufzubauen.

Ruby
Rubin

Energetisiert das erste Chakra und bringt es ins Gleichgewicht; unterstützt die Fähigkeit, spirituelle Energie im physischen Körper zu erden; arbeitet mit den unteren Chakren um eine höhere Art von Liebe zu erwecken.

Rutilated Quartz
Rutilquarz

Fördert die präzise Ausrichtung auf höhere Quellen von Energie und Inspiration; hilft uns dabei, die Fähigkeit auf Informationen aus anderen Dimensionen zuzugreifen, sie zusammenzufassen und zu kommunizieren und im Körper zu verankern.

Sapphire
Saphir

Stärkt die Hingabe für unseren Göttlichen Lebenszweck; fördert Loyalität und Verantwortlichkeit für unsere wahre Arbeit auf diesem Planeten; hilft uns dabei, uns mit der energetischen Unterstützung zu verbinden, die wir benötigen, um das zu tun, weswegen wir hier sind.

Sapphire-Ruby
Saphir-Rubin

Um Spiritualität und das körperliche Vermögen ins Gleichgewicht zu bringen; ermöglicht uns, den höheren Daseinszweck sanft in unsere physische Realität zu integrieren, und physische Nährung durch die Erfüllung unserer Göttlichen Verpflichtungen zu erhalten.

Scepter Amethyst
Zepteramethyst

Öffnet das siebte Chakra und bereitet es darauf vor, Energie von den höheren Chakren zu empfangen; hilft uns dabei, unser höchstes Potenzial zu aktivieren, indem wir einen neuen Kern unserer spirituellen Identität, Autorität und Führungskraft verkörpern.

Smoky Quartz
Rauchquarz

Erdend und beruhigend; reguliert und stabilisiert die Entgiftung von unerwünschten Energien aus dem physischen, dem Emotional- und dem Mentalkörper; synchronisiert die Körperenergie mit der Erdenergie.

Spectrolite
Spektrolith

Badet das gesamte Energiesystem mit dem vollen Lichtspektrum und nährt es; erneuert und erfrischt unsere Perspektive; hilft uns dabei, wieder das Großartige im Alltäglichen zu sehen, und das Göttliche im Gewöhnlichen.

Star Sapphire
Sternsaphir

Fördert das Vertrauen in das Universum; hilft uns, dabei unser Bewusstsein auf das zu fokussieren, was für den Fortschritt der Seele im Leben notwendig ist; unterstützt die Bildung von energetischen Verbindungen, die das Erreichen unserer Lebensziele fördern.

Sugalite
Sugilith

Bringt Tiefe und physischen Reichtum in unser spirituelles Leben; hilft uns dabei, auf physischer Ebene eine wärmere, weiblichere Qualität der Spiritualität zu entwickeln; fördert ein leichtes Akzeptieren der spirituellen Ebenen.

Tiger's Eye
Tigerauge

Selbstermächtigung; stärkt die energetische Grenze zwischen unserer wahren Natur und unseren emotionalen Erlebnissen; hilft dabei, ein starkes Gefühl für unsere eigene Identität aufrechtzuerhalten, wenn wir mit starken Emotionen, wie Zorn, Angst oder Eifersucht zu tun haben.

Topaz
Topas

Beseitigt energetische Blockaden im Solarplexus; hilft uns dabei, die richtigen Quellen der universellen Energie anzuzapfen; stärkt die Fähigkeit, entschlossen aus einem klaren Gefühl der eigenen Identität heraus zu handeln.

Turquoise
Türkis

Stimmt das Energiefeld auf die uralte Weisheit und Heiligkeit ein, die allem Leben innewohnt; reinigt und vertieft unsere Verbindung zur Seele der Erde; hilft uns dabei, mit Dankbarkeit und Ehrfurcht ein Leben voller Einfachheit zu leben.

Watermelon Tourmaline
Wassermelonenturmalin

Gleicht die universellen Polaritäten Yin und Yang aus; hilft uns dabei, Gleichberechtigung zwischen den magnetischen und dynamischen (gebenden und empfangenden) Qualitäten der Liebe herzustellen; bringt die grüne, körperliche Erdfrequenz ins Gleichgewicht mit der rosafarbenen, spirituellen Engelfrequenz der Liebe.

DIE UMWELTESSENZEN

Die Herstellung einer Umweltessenz beginnt mit der Absicht, einen ko-kreativen Vertrag zu Heilung mit bestimmten elementaren Qualitäten in der Natur einzugehen. Anschließend stimmen wir uns in unseren Herzen auf die elementaren Wesen und Devas, die diese Qualitäten repräsentieren ein. Durch diese Einstimmung teilen wir unsere Liebe und unseren Segen mit, und bitten darum, dass die Energien, die wir uns ausgesucht haben, auf die vorbereitete Schüssel mit Wasser übertragen werden. Wir nehmen die Essenz dankbar an, wenn die Natur antwortet.

Umweltessenzen stimulieren und unterstützen Veränderungen und Trans-formationen auf tiefster Ebene unseres Seins. Sie wirken wie Katalysatoren und sind oft angezeigt, wenn eine starke, reinigende Energie gebraucht wird, um aufzuwachen oder um die Lebenskraft in einem Menschen, der nicht auf andere Therapien reagiert, in Fluss zu bringen.

Bemerkung: Aufgrund der einzigartigen Umstände, in denen einige der Essenzen hergestellt wurden, werden wir keinen Versuch unternehmen, sie erneut herzustellen. Wenn die Mutteressenz aufgebraucht ist, werden sie nicht mehr verfügbar sein, und wir werden sie durch andere Essenzen ersetzen. Die betroffenen Essenzen sind entsprechend gekennzeichnet.

Chalice Well
Kelchquelle

Diese Essenz entstand in den Cha-lice Well Gärten von Glastonbury, England mit Wasser aus der Kelch-quelle. Sie verbindet uns mit der tief gehenden persönlichen und ewigen Unterstützung, die aus den König-reichen der Engel, der Elemente und der Mineralien fortwährend für uns zur Verfügung steht. Sie erinnert uns daran, dass wir nicht alleine sind – wir sind Teil des gesamten Net-zes des Lebens und von allem was ist: Über diese Matrix können wir immer dann, wenn wir am kämp-fen sind und Hilfe für den nächsten Schritt in unserem Leben benöti-gen, Unterstützung bekommen. Diese Essenz entstand mit freundli-cher Genehmigung der Chalice Well Stiftung und ein Teil der Gewinne aus ihrem Verkauf gehen als Spende zurück an die Stiftung.

Full Moon Reflection
Vollmondspiegelung

Diese Essenz entstand in einer kal-ten, klaren Vollmondnacht in einem Canyon über der Kachemak Bucht. Sie ist eine Essenz des reflektierten Lichts – das Sonnenlicht wird vom Vollmond auf das Wasser der Kache-mak Bay und in den mit Schnee gefüllten Canyon reflektiert. Diese Essenz dringt tief in das Unterbewusste ein, um das, was an ungelösten Themen unter der Oberfläche wartet, nach oben zu bringen. Sie bietet die Gelegenheit, dass wir unser Schattenselbst mit dem Licht unseres bewussten Gewahrseins beleuchten können.

Gigha Quartz
Gigha Quarz

Diese Umweltessenz entstand während eines Workshops im Jahr 2006 auf der Insel Gigha vor der Westküste Schottlands. Die Essenz wurde mit der Energie einer Quarz-Zunge hergestellt, die am südwestlichen Ende der Insel wie ein riesiger Drache aus dem Ozean entspringt. Sie ist ungefähr 100 m lang sichtbar, bevor sie unter der Erde verschwindet. Sie verläuft dann durch die Insel und taucht an deren nordwestlichen Spitze wieder auf, wo sie eine kurze Strecke am Strand sichtbar ist, bevor sie wieder im Meer verschwindet.

Diese Quarzformation verkörpert eine uralte, heilige Energie, die die Fähigkeit hat, unsere Erdung und unsere Ausrichtung tiefgehend zu verändern. Sie ist die Kristallisation von Licht, Energie, tiefer Weisheit und dem Wissen um die uralten Geheimnisse der Erde. Sie verkörpert die vollständige Verbindung der Elemente und repräsentiert die kraftvollen Basisorte der Erde. Die mit ihrer Hilfe hergestellte Essenz kann uns an eben diese Orte in uns selbst bringen.

Die Gigha Quartz Essenz bringt Heilung auf vielen Ebenen. Vor allem ist sie eine erdende Essenz, die uns dazu ermutigt, auf sanfte und ermächtigende Weise präsenter zu sein. Wenn wir besser geerdet sind, kann uns die Essenz helfen, die Stärke und Disziplin unseres innersten Kerns aufzubauen, damit wir eine tiefer gehende Harmonisierung mit der Erde aufrecht erhalten können. Diese Harmonisierung wird uns dann ermöglichen, unser Leben mit einer körperlichen und energetischen Haltung zu leben, die aufrechter, unabhängiger und authentischer ist, und dazu führt, dass wir unsere Kraft und Kreativität besser ausdrücken können.

Glacier River
Gletscherfluss

Dies ist eine Essenz aus solarisiertem Wasser, die am Fuß des Gulkana Gletschers in der Mitte der Alaskakette entstanden ist. Dieses Wasser entspringt am Fuß des Gletschers, und trägt abgelöste Partikel gemahlenen Felsens in sich, die durch den konstanten Druck und die Bewegung des Gletschereises aus den Bergen erodiert werden. Diese Essenz verkörpert den Prozess des immer wiederkehrenden Loslassens der Form. Sie hilft uns dabei, starre und unnachgiebige Muster in unseren Gefühlen, Gedanken und Handlungen loszulassen.

Liard Hot Springs
Heiße Quellen von Liard

Diese Essenz entstand aus mineralienreichem heißen Quellwasser an einem -37°C kalten Tag an den heißen Quellen von Liard, im nördlichen British Columbia in Kanada. Es ist eine Essenz für Reinigung, Erholung und Erneuerung, die uns wieder mit der reinen Wahrheit dessen in Kontakt bringt, was wir wirklich sind – spirituelle Wesen, die auf diese Erde gekommen sind, um zu lernen.

Northern Lights
Nordlichter

Diese Essenz ist an einer windigen, eisigen, arktischen Nacht unter dem wirbelnden Grün der Nordlichter entstanden. Ihr Thema ist es, über uns selbst hinauszugehen, in die grundlegenden schöpferischen Kräfte des Universums. Sie reinigt und restrukturiert unsere Energien auf sehr tiefer Ebene. Sie hilft uns dabei, Energien aus unserem Herzen loszulassen, denen wir gestattet haben, die ursprünglich geplanten Muster unseres Lebens zu verschleiern.

Polar Ice
Polareis

Diese Essenz entstand auf dem Packeis des Arktischen Ozeans in der Nähe des Nordpols. Sie ist eine Essenz des Übergangs und des Abschlusses von Zyklen. Sie hilft dabei, ein geduldigeres Verständnis für die Feinheiten der Zeit zu entwickeln. Sie hilft uns dabei, präsent in einem Zustand des reinen Wartens zu bleiben, ohne Erwartungshaltung für das, was kommen wird. Limitierte Auflage.

Portage Glacier
Portage Gletscher

Diese Essenz entstand am Ufer des Portage Sees in der Nähe des Fußes des Portage Gletschers in der südlichen Mitte Alaskas. Es ist eine kraftvolle und katalysierende Energie, die uns dabei hilft, das, was in unserem Leben auf mentaler, emotionaler, feinstofflicher und körperlicher Ebene nicht mehr notwendig oder angemessen ist, loszulassen. Sie kann benutzt werden, um das gesamte Energiesystem zu revitalisieren und ins Gleichgewicht zu bringen.

Rock Spring
Felsenquelle

Diese Essenz entstand aus einer Quelle, hoch oben in den Talkeetna Bergen im südlichen Zentral-Alaska. Das Wasser aus dieser Quelle entspringt der Mitte einer Felswand, und stürzt in ein Bassin an ihrem Fuß. Rock Spring ist eine Essenz der Hoffnung und der Wunder! Sie verkörpert den immer wiederkehrenden Beweis, dass alles möglich ist. Die Essenz hilft uns dabei, unseren Weg durch scheinbar unüberwindbare Hindernisse mit unendlicher Geduld und niemals endendem Vertrauen zu finden.

Solstice Sun
Sonnenwende

Diese Essenz entstand während der „Nacht" vom 21. auf den 22. Juni, während die Mitternachtssonne über den Gipfeln der Brooks Kette im nördlichen Alaska tanzte. Solstice Sun katalysiert die Fähigkeit unseres Körpers, einen stärkeren Strom von Lichtenergie aufnehmen und verteilen zu können. Sie öffnet das Herz und die Energiekanäle des Körpers, um sich auf ein „Gipfelerlebnis" vorzubereiten. Sie hilft außerdem denjenigen, die ein solches Ereignis integrieren müssen, nachdem es stattgefunden hat.

Stone Circle
Steinkreis

Diese Essenz entstand in einem auf natürliche Weise entstandenen Steinkreis hoch in den Talkeetna Bergen von Alaska. Die Formation der Energie, die durch diesen Steinkreis entstanden ist, hat große heilende Kräfte. Stone Circle fügt der Aura eine sehr ausgeglichene und schützende Energie hinzu, die es uns ermöglicht, uns zu entspannen, auszuruhen, und neue Lebenskraft zu tanken. Diese Essenz ist besonders für diejenigen hilfreich, die mit der Energie von Menschen oder Räumen arbeiten, denn sie ermöglicht ihnen, ihre Offenheit und Feinfühligkeit aufrechtzuerhalten, ohne die Energien selbst aufzunehmen, die sie reinigen sollen.

Tidal Forces
Kraft der Gezeiten

Diese Essenz entstand aus Fluss- und Meerwasser in der Kachemak Bucht während eines vollständigen 24-stündigen Gezeitenzyklus mit mehr als 6,5 Metern Tidenhub. Es ist eine Essenz der Rhythmen und des Gleichgewichts, des Verlusts und des Gewinns. Ihr Thema ist es, uns selbst an die sich rasch verändernden Strömungen des Lebens anzupassen. Sie hilft uns dabei, das Alte loszulassen und das neue fortwährend fließend anzunehmen. Sie lindert überemotionale, hitzige Gemütszustände und wirkt ausgleichend. Sie spült jegliche mentale Widerstände gegen Veränderungen hinweg, und hilft uns zu akzeptieren, was jetzt gerade stattfindet. Limitierte Auflage.

DIE MISCHUNGEN UND SPRAYS

Die Mischungen und Sprays der Alaska Essenzen sind einzigartige Zusammenstellungen von Blüten-, Edelstein- und Umweltessenzen. Sie besitzen eine besondere ko-kreative Energie, die nur entstehen kann, wenn die heilenden Energien der Königreiche der Blüten, Mineralien und Elemente durch fokussierte Absicht miteinander kombiniert werden. Diese Mischungen sind auf Basis von vielen Jahren der Arbeit mit den Essenzen, Forschung, Beobachtung und Rückmeldungen von Anwendern aus der ganzen Welt entstanden.

Zehn der zwölf Mischungen sind auch als Sprays erhältlich; die Essenzen sind entsprechend gekennzeichnet. Vier davon, *Calling All Angels*, *Guardian*, *Lighten Up* und *Purification* haben wir die „Sacred Space Sprays" genannt, da sie wirklich in der Lage sind, heilige Räume zu erschaffen.

Animal Care
Hilfe für Tiere, auch als Spray erhältlich

Animal Care ist hauptsächlich dafür gedacht, bei der Rettung von Tieren verwendet zu werden, kann jedoch auch für jedes Tier verwendet werden, das Unterstützung braucht. Am besten wirkt die Mischung, wenn sie direkt zu Beginn verwendet wird, wenn ein Tier im Tierheim oder in der Tierklinik ankommt. Diese Mischung ist ebenfalls unverzichtbar, wenn man ein gerettetes Tier bei sich zuhause aufnimmt.

Verwenden Sie Animal Care bei Haustieren, die:

→ in großen Städten Leben, keinen normalen Kontakt zur Natur haben, und die meiste Zeit des Tages alleine sind,
→ im Tierheim abgegeben wurden, weil ihre Besitzer sich nicht länger um sie kümmern konnten,
→ ausgesetzt, und nach längerem Kampf ums Überleben von der Straße gerettet wurden,
→ unter Bedingungen leben mussten, wo sie nicht angemessen versorgt wurden, der Lebensraum vergiftet, und die Beziehung zu ihren Besitzern von Missbrauch geprägt war,
→ eine auto-aggressive Verhaltensweise zeigen.

Verwenden Sie Animal Care bei wilden Tieren, die:

→ in eine Tierklinik gebracht werden, weil sie verletzt sind oder ihr Lebensraum beeinträchtigt oder zerstört wurde,
→ aufgewühlt und nervös sind, sich aggressiv verhalten, und sich, andere Tiere oder Menschen dadurch in Gefahr bringen,
→ längere Zeit in Zoogeschäften leben mussten, und anschlie-

ßend privat und ohne Kontakt zu Artgenossen gehalten wurden,

→ in Gefangenschaft, z.B. im Tierheim oder Zoo bleiben müssen, weil ihre Verletzungen nicht vollständig geheilt werden können, und sie immer wieder behandelt werden müssen,

→ unter der „Vergiftung" durch den Kontakt mit den Menschen leiden und diese Energie loswerden müssen, damit sie wieder ausgewildert werden können.

Die Animal Care Mischung enthält die folgenden Einzelessenzen: Alpine Azalea, Black Tourmaline, Chiming Bells, Cotton Grass, Horsetail, Jadeite Jade, Lady's Slipper

Beyond Words
Mehr als Worte, auch als Spray erhältlich

Beyond Words ist unsere neue Mischung, die Ihre Fähigkeit, sich sowohl verbal als auch nonverbal selbst auszudrücken, fördert. Sie unterstützt beim Austausch und Fluss von Informationen und Ideen von einem Menschen zum anderen mit der Absicht gegenseitigen Verständnisses. Egal ob das Ziel der Austausch von Herz zu Herz in einer Beziehung, oder eine inspirierende öffentliche Rede ist – diese Mischung wird Ihre Fähigkeit, sowohl aus dem Verstand als auch dem Herzen zu denken und sich zu artikulieren steigern.

Sie wird ihnen dabei helfen:

→ über Ihre Gefühle und Emotionen zu sprechen, ohne dabei in Verteidigungshaltung gehen zu müssen,

→ Ihre Gedanken zu organisieren und zu klären, damit Sie sie in Worte umsetzen können, die genau dem entsprechen, was Sie meinen,

→ Ihre Fähigkeit, Informationen aus materiellen oder nichtmateriellen Quellen aufzunehmen zu verstärken, und Verwirrung zwischen dem, was Sie wissen und dem, was Sie hören, zu klären,

→ mit Ihrem Herzen zu hören, und Ihre eigene Wahrheit klar und kraftvoll aus dem Herzen heraus auszudrücken,

→ Ihre Kommunikation zu erden, damit sie voller Vitalität und Authentizität sprechen können,

→ sich beim Sprechen sicher zu fühlen, besonders, wenn es in Bezug auf das, was gesagt werden muss, eine Herausforderung oder Kontroverse gibt,

→ Ihre Stärke und Ihr Selbstbewusstsein zu verbessern, damit Sie sich auf natürliche Weise und jederzeit ohne Begrenzungen, Kompromisse oder Befangenheit ausdrücken können.

Die Beyond Words Mischung enthält die folgenden Einzelessenzen: Azurite, Devil's Club, Lamb's Quarters, Lapis Lazuli, Sweetgale, Twinflower, Yellow Violet

Calling All Angels
Rufe alle Engel, auch als Spray erhältlich

Calling All Angels ist eine Mischung, die uns dabei hilft, in Kontakt mit der Liebe, der Führung und dem Schutz der Ebene der Engel zu kommen. Sie bringt eine sehr sanfte, liebevolle und gelassene Energie in unsere Herzen, unseren Körper und unsere Umgebung. Benutzen Sie diese Mischung, um:

→ das Wissen in sich zu stärken, dass Sie von den Engeln geführt, unterstützt und beschützt werden,
→ mehr Freude und Frieden in Ihr Leben zu bringen,
→ eine stärkere Verbindung zum Göttlich-Weiblichen zu erschaffen,
→ einen heiligen und geschützten Raum zum Schlafen und Träumen zu erschaffen, insbesondere für Kinder,
→ das Bewusstsein für Ihre eigene engelsgleiche Natur zu verstärken,
→ die Liebe des Engelreichs in ihrem physischen Körper zu erleben.

Die Calling All Angels Mischung enthält die folgenden Einzelessenzen: Angelica, Chalice Well, Chiming Bells, Kunzite

Easy Learning
Leichtes Lernen, auch als Spray erhältlich

Die Easy Learning Mischung unterstützt alle Aspekte des Lernprozesses, sowohl bei Kindern als auch bei Erwachsenen. Sie arbeitet auf drei Ebenen. Die erste ist, unsere Konzentration zu stärken, damit wir aufpassen können, ohne davon abgelenkt zu werden, was um uns herum passiert. Die zweite ist, unsere Fähigkeit zu unterstützen, die Informationen zu verarbeiten und zu integrieren. Dadurch wird das Verständnis und die logische Anwendung der Information erleichtert. Die dritte Ebene ist, unsere Fähigkeit zu verbessern, höhere Frequenzen in unserem Lernprozess zuzulassen.

Die Easy Learning Mischung unterstützt:

→ wenn Sie lernen und sich auf Prüfungen vorbereiten,
→ wenn Sie mentales Durcheinander auflösen und Klarheit und Aufmerksamkeit verbessern möchten,
→ diejenigen, die dazu neigen, von zu viel Informationen überwältigt zu werden,
→ diejenigen, die sich leicht ablenken lassen und es schwer finden, sich zu konzentrieren,
→ Kinder oder Erwachsene mit Lernproblemen,
→ Sie dabei, Ihre Fähigkeit, den intuitiven Gedankenprozess in praktische Handlungen umzu-

setzen, zu verbessern,

→ wenn Sie Ihre Fähigkeit verbessern möchten, das Gelesene oder Gehörte zu behalten.

Die Easy Learning Mischung enthält die folgenden Einzelessenzen: Blue Topaz, Bunchberry, Lapis Lazuli, Star Ruby, Stinging Nettle, White Spruce

Fireweed Combo
Fireweed Mischung

Die Fireweed Mischung unterstützt und fördert tiefgehende Transformations- und Erneuerungsprozesse. Sie kann benutzt werden, um sich auf ein transformierendes Erlebnis vorzubereiten, aber sie ist besonders hilfreich, wenn man sich mitten in einem intensiven Heilungsprozess befindet, und dabei zusätzliche Unterstützung benötigt. Die Fireweed Mischung ermöglicht Ihnen den Zugang zu der Unterstützung, die sie brauchen, um ihren Ängsten zu begegnen, Ihre Widerstände aufzugeben, und zuzulassen, dass der Prozess durch alle seine Phasen bis zu seiner Vollendung fortschreitet.

Die Mischung kann Ihnen dabei helfen:

→ Ihre Verbindung zu Erde zu stärken, damit Ihr Energiesystem stabiler wird und Sie besser mit Veränderungen umgehen können,

→ den gesamten Transformationsprozess auf eine tiefere Ebene zu bringen, indem Schichten von tiefem Schmerz und emotionalen Traumen, die auf der Zellebene gespeichert sind, losgelassen werden,

→ den Transformationsprozess fortzuführen, bis all die Themen und Probleme, die mit ihm verbunden sind, gelöst sind,

→ sich wieder mit den Ebenen von Freude und Glück zu verbinden, die Sie sich wünschen und die Ihr Geburtsrecht sind.

Die Fireweed Combo Mischung enthält die folgenden Einzelessenzen: Fireweed, River Beauty, White Fireweed, Dwarf Fireweed

Go-Create
Manifestiere! Auch als Spray erhältlich

Go-Create ist eine Mischung für Wohlstand und Fülle. Sie ist dafür gemacht, um Ihnen dabei zu helfen, mit weniger Widerstand und mehr Leichtigkeit, Effizienz und Wirksamkeit das zu ko-kreieren, was sie in Ihrem Leben möchten, brauchen oder sich wünschen. Diese Mischung wird Ihnen dabei helfen, begrenzende Glaubenssätze, die Sie aufgrund von Erfahrungen aus der Vergangenheit in sich tragen, aufzulösen. Sie verbessert Ihre Fähigkeit, zu fühlen, dass Sie es wert sind, das zu empfangen, was Ihr Herz begehrt. Sie unterstützt Sie dabei, die Energien von Vertrauen,

Glauben und Dankbarkeit zu finden, wodurch Sie ermächtigt werden, eine Schwingung zu halten, die mit dem, was Sie sich in Ihrem Leben wirklich wünschen, in Einklang ist.

Verwenden Sie die Go-Create Mischung um:

→ ererbte Muster zu heilen, die ihre Fähigkeit blockieren, Wohlstand und Fülle zu empfangen,
→ Ihr Gewahrsein für die unbegrenzte Großzügigkeit des Universums zu öffnen,
→ Ihre Absicht und Aufmerksamkeit darauf zu fokussieren, was Sie manifestieren möchten, statt auf das, was Ihnen scheinbar fehlt,
→ in Ihre Fähigkeit zu erschaffen, zu vertrauen. Zapfen Sie Ihre innere Wahrheit, Freude und Weisheit an,
→ sich in Bezug auf den ganzen kokreativen Prozess stärker und fähiger zu fühlen.

Die Go-Create Mischung enthält die folgenden Einzelessenzen: Blueberry Pollen, Gold, Rock Spring, Star Sapphire

Guardian
Beschützer, auch als Spray erhältlich

Guardian hilft uns dabei, ein starkes, schützendes Kraftfeld in unserer Aura und unserer Umgebung aufzubauen. Die Mischung aktiviert positive, harmonische Energien, die Ihnen dabei helfen, Ihren energetischen Raum in Anspruch zu nehmen, ihre Erdung aufrechtzuerhalten und den Schutz von starken, gesunden Grenzen zu spüren.

Diese Mischung ist besonders hilfreich, wenn Sie:

→ zu sehr auf Einflüsse aus Ihrer Umgebung reagieren,
→ ihr Dasein im Körper und auf der Erde zwiespältig erleben, weil Sie sich nicht sicher oder geschützt fühlen,
→ in einer vergifteten Umgebung oder mit Computern und anderen Geräten arbeiten, die elektromagnetische Strahlen aussenden,
→ dazu neigen, die Gedanken und Emotionen anderer anzunehmen oder zu absorbieren,
→ nicht in der Lage sind, Ihre Feinfühligkeit auf praktische und leichte Weise zu nutzen, weil Ihnen wirksame Grenzen fehlen,
→ Heilarbeit tun, die es notwendig macht, die beruflichen, privaten oder persönlichen Räume Ihrer Klienten zu betreten,
→ gerade in eine neue Wohnung oder ein neues Viertel gezogen sind und Probleme damit haben, mit der neuen Situation klarzukommen,
→ das Gefühl haben, matt oder müde zu sein und sich ausruhen zu müssen, um sich selbst zu pflegen, aber scheinbar keinen geeigneten Raum dafür erschaffen können.

Die Guardian Mischung enthält die folgenden Einzelessenzen: Covellite, Devil's Club, Round-Leaf Orchid, Stone Circle, White Violet, Yarrow

Lighten Up
Quell des Lichts, auch als Spray erhältlich

Lighten Up ist eine Mischung, die Ihre Fähigkeit, Licht zu verkörpern, vergrößert. Ihre Wirkung ist es, die Stimmung zu verbessern, zu energetisieren, zu inspirieren und zu nähren. Die Mischung entstand, um dem von der Jahreszeit abhängigen oder chronischen Mangel an Licht entgegenzuwirken, den Menschen erleiden, wenn sie nahe der Polarkreise leben, ihre privaten oder beruflichen Umgebungen (z.B. dunkles Haus oder Wohnung) es nicht anders erlauben, oder die Qualität ihres Energiesystems nicht mehr zulässt (z.B. bei blockierten oder zu gering ausgebildeten Energiebahnen). Sie ist aber auch hilfreich für Menschen, die in mühsamen und beschwerlichen Mustern feststecken, oder sich auf irgendeine Weise von ihrer inneren Quelle des Lichts abgeschnitten fühlen.

Die Essenzen in Lighten Up arbeiten auf drei verschiedenen Ebenen. Die Erste besteht darin, die Chakren zu öffnen und zu reinigen, damit man mehr Lebensenergie durch das bereits vorhandene Energiesystem aufnehmen kann. Die Zweite reinigt und erweitert die Energiekanäle des Körpers. Dies schließt auch ein, dass die Fähigkeit, Licht auf der Zellebene aufzunehmen, vergrößert wird. Die dritte Ebene besteht darin, die Fähigkeit, Erfahrungen zu integrieren zu stärken und dadurch die Menge an Energie, die durch den Körper und das Leben insgesamt fließen kann, zu erhöhen.

Benutzen Sie die Lighten Up Mischung:

→ wenn Sie ausgelaugt sind, oder auf körperlicher Ebene einen chronischen Energiemangel fühlen,
→ um trübe Gedanken in der dunklen Jahreszeit zu vertreiben,
→ bei Tieren, die lange drinnen bleiben müssen, insbesondere während der Wintermonate,
→ in Klassenräumen, wenn Sie sich nicht mehr konzentrieren können,
→ für Pflanzen, um ihnen zusätzlich Licht und Energie während der kurzen Wintertage zu geben.

Die Lighten Up Mischung enthält die folgenden Einzelessenzen: Carnelian, Grass of Parnassus, Orange Calcite, Solstice Sun

Pregnancy Support
Unterstützung in der Schwangerschaft

Diese Mischung wurde von der Arbeit und der Forschung von Cynthia Abu-Assef, einer Blütentherapeutin und Mutter inspiriert, die in

São Paulo, Brasilien lebt. Cynthia hat im Januar 1999 begonnen, die Alaska Essenzen im Projeto Renascer Zentrum bei Müttern und Babys anzuwenden. Dieses Zentrum wurde 1991 von einer auf das Dienen fokussierten, spirituellen Gemeinschaft gegründet, die Cynthias Eltern leiteten. Seit dem Jahr seiner Gründung wurde im Zentrum über 1.000 schwangeren Frauen weitergeholfen.

Pregnancy Support wurde zusammengestellt, um während der gesamten Schwangerschaft die Frau und das in ihr heranwachsende Kind zu stärken, zu stabilisieren und ins Gleichgewicht zu bringen. Die vorrangige Wirkung dieser Mischung ist es, der Mutter zu helfen, die körperlichen, emotionalen und mentalen Herausforderungen zu meistern, die während dieser großen, das Leben verändernden Phase auf sie zukommen können.

Pregnancy Support kann verwendet werden:

→ um einer Frau dabei zu helfen, einen heiligen Ort in ihrem Leben und ihrem Körper zu erschaffen und zu nähren, um das Wachstum und die Entwicklung ihres Babys zu unterstützen,

→ um sowohl die Mutter als auch die ihr innewohnende Seele dabei zu unterstützen, jegliche Zwiespältigkeit in Bezug auf das Leben auf der Erde zu klären,

→ um Müttern zu helfen, ihre Verbindung zur Erde zu stärken, damit sie nährende Energie für sich und ihre Familie zur Verfügung stellen können,

) um Frauen, die selbst unter einem traumatischen Geburtserlebnis leiden, zu ermöglichen, dieses Trauma aufzulösen, damit sie ihrem eigenen Kind eine stärkere Verbindung zwischen Körper und Seele ermöglichen können,

→ um die energetische Triade zwischen der Mutter, dem Vater und dem Kind zu entwickeln und zu stärken.

Die Pregnancy Support Mischung enthält die folgenden Einzelessenzen: Balsam Poplar, Bog, Devil's Club, Diopside, Emerald, Grove Sandwort, Ladies' Mantle, Northern Lady's Slipper

Purification
Reinigung, auch als Spray erhältlich

Purification ist entstanden, um unser privates und berufliches Umfeld, sowie unser eigenes Energiefeld zu reinigen. Die Mischung kann dazu benutzt werden, um stagnierende Energiemuster auf allen Ebenen aufzubrechen und zu entfernen.

Benutzen Sie Purification, wenn Sie:

→ „giftige" Energie aus dem Verstand, den Emotionen und dem Körper loslassen möchten,

→ auf allen Ebenen Ihres Energiesystems Erneuerung, Revitalisierung und Gleichgewicht stimulieren möchten,
→ ungesunde Energiemuster in einer Umgebung, wo Sucht, Depression oder Missbrauch stattgefunden haben, aufbrechen möchten,
→ Umgebungen, in denen sich stagnierende Energie befindet, reinigen und aufladen möchten,
→ alte, festsitzende Gewohnheiten loslassen möchten, die nicht länger nützlich, notwendig oder unterstützend für Ihr Wohlbefinden sind.

Die Purification Mischung enthält die folgenden Einzelessenzen: Black Tourmaline, Fireweed, Portage Glacier, Sweetgrass

Soul Support
Balsam für die Seele, auch als Spray erhältlich

Soul Support ist unsere Notfallmischung. Verwenden Sie sie, um Ihre Stärke, Ihr Gleichgewicht und Ihre Stabilität in einer beliebigen stressigen oder traumatischen Situation aufrechtzuerhalten, z.B.:

→ nach Unfällen, die Verletzungen, Schock und/oder Traumen nach sich ziehen,
→ bei emotionaler Läuterung oder gewalttätigen Ausbrüchen,
→ bei Flugangst oder Reisekrankheit,

→ vor, während und nach Zahnarztbesuchen,
→ nach einem Streit, Kampf oder einer Meinungsverschiedenheit,
→ nachdem Sie „schlechte" Nachrichten erhalten haben,
→ bei posttraumatischem Stress,
→ vor und unmittelbar nach einer Operation und während der Genesung,
→ bei plötzlichen und/oder großen Veränderung im Plan,
→ im Tierheim und wenn Sie mit wilden Tieren in Not arbeiten,
→ bei jeglichen Übergängen, Herausforderungen oder Initiationen.

Die Soul Support Mischung enthält die folgenden Einzelessenzen: Cattail Pollen, Chalice Well, Cotton Grass, Fireweed, Labrador Tea, Malachite, River Beauty, Ruby, White Fireweed

Travel Ease
Leichtes Reisen, auch als Spray erhältlich

Die Travel Ease Mischung wurde speziell dafür zusammengestellt, die negativen Auswirkungen von Flugreisen zu lindern, besonders den „Jetlag". Für Menschen, die empfindlich auf ihre Umgebung reagieren und Schwierigkeiten damit haben, über längere Zeit in engen, abgeschlossenen Räumen zu verbringen, unterstützt Travel Ease die Etablierung und Aufrechterhaltung wirksamer energetischer

Grenzen und ermöglicht dadurch, dass wir uns sogar während eines Flugs so fühlen, als ob wir allen Raum hätten, den wir brauchen.

Travel Ease hilft uns dabei, die Integrität unseres Energiefelds aufrechtzuerhalten, das von der elektromagnetischen Strahlung innerhalb des Flugzeugs, und von dem Lärm und den Schwingungen während des Flugs beeinträchtigt wird. Travel Ease fördert auch die fortwährende Eliminierung jeglicher toxischer oder unerwünschter Energien, die wir während der Reise auffangen. Während eines langen Fluges ist diese Ansammlung von „Luftverschmutzung" in der Aura einer der Hauptfaktoren, die den Jetlag begünstigen.

Die wichtigste Wirkung der Travel Ease Mischung ist aber, dass sie die Desorientierung, die durch das Reisen an neue Orte und das Durch-fliegen von mehreren Zeitzonen hervorgerufen wird, lindert. Diese Mischung hilft uns dabei, unsere Erdung während des Flugs aufrecht, und die Energie unseres Körper mit der Energie der Erde synchron zu halten, während wir von einem Ort zum nächsten reisen. Für viele Menschen ist die Desorientierung der schlimmste Teil des Reisens. Travel Ease hilft uns dabei, dies zu verhindern, indem sie während der Reise konstant unsere energetische Verbindung zu Erde aktualisiert, damit wir dann, wenn wir unser Ziel erreicht haben, auch tatsächlich vollständig angekommen sind – sowohl energetisch als auch körperlich.

Die Travel Ease Mischung enthält die folgenden Einzelessenzen: White Violet, Yarrow, Covellite, Black Tourmaline, Smoky Quartz

DIE FORSCHUNGSESSENZEN

Die nachfolgend aufgeführten Essenzen sind unter dem Namen „Forschungsessenzen" zusammengefasst. Dies ist deshalb so, weil sich sie noch im frühen oder mittleren Stadium ihrer Erforschung und Entwicklung befinden. Die Informationen zu den Essenzen basieren auf unseren eigenen Erkenntnissen, sowie aus Rückmeldungen von Therapeuten und Klienten, die diese Essenzen in verschiedenen therapeutischen Kontexten auf der ganzen Welt verwenden.

BLÜTENESSENZEN

Alaska Violet
Alaska Veilchen

Unterstützt uns dabei, die richtige energetische Beziehung zu uns selbst, zu anderen und zu unserer Umgebung zu finden, besonders in Menschenmengen; hilft uns dabei, einen stillen Ort in uns zu erschaffen, an dem die Flamme der Liebe und des Enthusiasmus für unsere Lebensaufgabe geschützt und genährt werden kann.

Angelica
Engelwurz

Verbindet uns mit den schützenden Energien des Königreichs der Engel; fördert das Akzeptieren spiritueller Unterstützung in allen Situationen; hilft uns dabei, Schutz zu erfahren, der aus der Sicherheit in Bezug auf unsere eigene göttliche Natur entspringt.

Bleeding Heart
Tränendes Herz

Fördert liebevolle Sanftheit; hilft uns dabei, die Polaritäten von Liebe/Trennung und Freude/Leiden aufzulösen, indem sie unser Herz für das Mitgefühl mit allen Wesen öffnet.

Blue Poppy
Blauer Mohn

Hilft uns dabei, alle Aspekte unserer männlichen und weiblichen Eigenschaften in unserem physischen Körper zu vereinen; fördert die Reinheit der Leidenschaft im Dienste Spirits.

Bog Candle
Waldhyazinthe

Unterstützt Zyklen von Initiation, Tod und Wiedergeburt; ermöglicht uns, aus einer tief gehenden transformativen Erfahrung mit dem Gefühl der Weisheit aufzutauchen, anstatt mit Verwirrung, Angst, Scham oder Schuld; heilt destruktive und zerstörerische Neigungen; hilft uns dabei, abgespaltene Aspekte unseres **Selbst** zurückzubringen, um die göttliche Liebe annehmen zu können.

Chocolate Lily
Schatten-Schachblume

Macht bewusst, wie alles im Leben mit unserer Mitte verbunden ist; öffnet das Bewusstsein für die Verbindung unserer Mitte mit der Quelle unserer Lebenskraft; hilft uns dabei, uns für die Erfahrungen des Lebens weiter und mit weniger Reaktivität zu öffnen und sie zu behalten.

Cloudberry
Moltebeere

Hilft uns dabei, das Licht der Reinheit tief in uns selbst zu erkennen; um ein geringes Selbstwertgefühl durch das Bewusstsein um die inneren Werte zu ersetzen; hilft uns dabei, uns für die wahre Quelle unseres Seins zu öffnen, und sie der Welt zu spiegeln, damit sie die anderen sehen können.

Club Moss
Sprossender Bärlapp

Unterstützt uns dabei, eine direkte Verbindung zur Erde herzustellen; hilft uns dabei, tiefere Ebenen der Entspannung, Freude und Manifestation zu erreichen; verstärkt die Energiebasis im Körper für die weitere Entwicklung höherer Funktionen; bringt Körper, Geist und Emotionen zur Ruhe.

Comfrey
Echter Beinwell

Unterstützt die Heilung auf allen Ebenen; heilt Schäden in den feinstofflichen Körpern, die aufgrund von Verletzungen in diesem oder früheren Leben entstanden sind; fördert die Verkörperung höherer spiritueller Energien, und den Ausdruck unseres göttlichen Potenzials.

Crowberry
Schwarze Krähenbeere

Stimuliert das Gewahrsein für die Zyklen von Licht und Dunkelheit sowohl im Innen als auch im Außen; ermöglicht uns, diese Schwankungen mit Respekt und Dankbarkeit zu akzeptieren, anstatt uns daran festzuklammern oder dagegen zu wehren.

Devil's Club
Igelkraftwurz

Klärt Zwiespältigkeit in Bezug auf das Inkarniertsein und das Dasein auf der Erde; hilft uns dabei, Frieden zu spüren, weil wir wissen, dass wir sicher und in Harmonie mit unserer Umgebung sind; hilft uns dabei, unsere Wahrheit klar und kraftvoll aus dem Herzen heraus auszudrücken.

Dwarf Fireweed
Drüsiges Weidenröschen

Hilft uns dabei, uns für die Transformation zu öffnen und sie mit Sanftheit, Anmut und Leichtigkeit zu durchleben; hilft uns dabei, die Art und Weise, wie wir durch Heilungsprozesse gehen, sanft anzupassen, damit wir nicht unnötige Schwierigkeiten oder Schmerzen erschaffen.

Enchanter's Nightshade
Alpen-Hexenkraut

Bringt die Polaritäten von Licht und Schatten, Ausdehnung und Kontraktion ins Gleichgewicht; heilt Ungleichgewichte, die durch zu viel Licht entstanden sind; hilft uns dabei, Frieden, Schutz und Sicherheit zu finden, indem wir Angst auflösen.

Fairy Slipper
Norne

Unterstützt uns dabei, in unserer eigenen Kraft und Schönheit dazustehen, und unsere einzigartige Individualität auf klare Weise auszudrücken; hilft uns dabei, unsere spirituelle Weisheit durch unseren physischen Körper zu manifestieren; stärkt das männliche Prinzip in Männern und Frauen; fördert klare Kommunikation durch den Einklang mit der Erde und mit Spirit.

False Hellebore
Germer

Fördert das Loslassen von falschen Konzepten; beschleunigt die Bewegung vom Alten zum Neuen; hilft uns dabei, uns unseren tiefsten, dunkelsten Ängsten zu stellen.

Goatsbeard
Wald-Geißbart

Freude durch Optimismus; unterstützt die Manifestation einer positiven Realität; hilft denen, die auf mentaler Ebene überaktiv sind, diese kreative Energie in den physischen Körper zu erden und zu fokussieren.

Ladies' Mantle
Frauenmantel

Fördert das Loslassen von Traurigkeit und Verzweiflung; stärkt unsere Beziehung zum heiligen Weiblichen; heilt die weibliche Verbindung zwischen Sinnlichkeit, Kreativität und Göttlichkeit; hilft Männern dabei, ihre Beziehung zur weiblichen Macht in ihnen und in anderen ins Gleichgewicht zu bringen.

Lapland Rosebay
Lappland-Alpenrose

Durchdringende Einsicht in sich selbst und in die gesamte Natur; ohne Verzerrungen sehen können; bringt einen Menschen wieder zur Vernunft, der im Außen nach Antworten gesucht hat; erinnert uns daran, nach innen zu sehen, um Weisheit, Perspektive und Führung zu erhalten.

Lavender Yarrow
Alaska-Schafgarbe

Gibt den höheren Chakren Stärke und Schutz; heilt Erschöpfung aufgrund von chaotischer, durch das Kronenchakra einfließender Energie; bringt den Fluss der spirituellen Energie in das Herzchakra ins Gleichgewicht.

Lilac
Gewöhnlicher Flieder

Richtet die Chakren aufeinander aus, damit sie die heilenden Energien aus den spirituellen Dimensionen besser empfangen und verkörpern können; hilft uns dabei, die Frequenz unserer Energiefelder sanft zu erhöhen.

Nootka Lupine
Alaska-Lupine

Hilft uns dabei, tiefe karmische Themen, die immer wieder auftauchen, weil sie gelöst werden wollen anzugehen und zu bearbeiten; zeigt uns, worauf wir unser Bewusstsein und unsere Energie richten müssen, um diese Themen zu lösen.

Northern Coral Root
Korallenwurz

Hilft uns dabei, giftige und verzerrte Emotionen, Gedankenmuster und Energien in reines Licht zu verwandeln; fördert das Bewusstsein und den Respekt für unsere symbiotische Beziehung mit der Erde; hilft uns dabei, durch diese Verbindung das zu empfangen, was wir benötigen.

Northern Green Orchid
Nördliche Waldhyazinthe

Hilft uns dabei, unsere Meister-schaft und Macht zu verkörpern, und sie mit Liebe durch unser Herz hindurch auszudrücken; lehrt uns, wie wir unsere Herzen in Liebe und einem gemeinsamen höheren Daseinszweck verbinden können.

Pale Corydalis
Immergrüner Lerchensporn

Hilft uns dabei, ein stärkeres Gefühl dafür zu entwickeln, wer wir in unseren Beziehungen sind; Integriert den eigenen und den göttlichen Willen im Herzen und richtet beide aufeinander aus; bringt süchtig machende und von Bedingungen abhängige Muster in Bezug auf Liebe ins Gleichgewicht. Hilft uns dabei, unsere Beziehungen als Katalysatoren für unser spirituelles Wachstum zu sehen.

Pasque Flower
Finger-Kuhschelle

Bei Schüchternheit und Überempfindlichkeit in Bezug auf körperlichen Kontakt; hilft uns dabei, Sicherheit zu erschaffen und aufrechtzuerhalten, indem wir funktionierende energetische Grenzen aufbauen; hilft uns dabei, uns respektiert, wertgeschätzt und geschützt zu fühlen, und das tiefste Gefühl für unsere eigene Identität in allen Situationen aufrechtzuerhalten.

Potato
Kartoffel

Loslassen auf körperlicher Ebene; um unvollständige Erfahrungszyklen abzuschmelzen, die im Körper gespeichert sind; fördert Liebe und Selbstakzeptanz und bringt sie in jede Zelle des Körpers.

Purple Poppy
Schlafmohn

Hilft uns dabei, in Zeiten schneller Weiterentwicklung das Gleichgewicht zu behalten – wenn unser gesamter energetischer Aufbau transformiert wird; ermöglicht uns, tiefe Ebenen von Integration und Ruhe zu erfahren, während wir zulassen, dass der transformative Prozess voran schreitet.

Red Elder
Roter Holunder

Um zu sehr ausgeweitete Zustände des Seins wieder zu kontrahieren; hilft uns dabei, das Leben mehr aus dem Zentrum als von der Peripherie aus zu sehen.

Red-Purple Poppy
Schlafmohn

Um Extreme zwischen körperlichen und feinstofflichen Energien auszugleichen; hilft uns dabei, uns in ausgeglichener Weise auf die Aspekte von Überleben und Spiritualität zu fokussieren; unterstützt uns dabei, unsere körperlichen Fähigkeiten voll zu nutzen, um Spirit zu verkörpern.

Reindeer Moss
Rentierflechte

Für Menschen und Tiere, die die Verbindung mit den Ländern oder Lebensräumen ihrer Vorfahren verloren haben; öffnet das Bewusstsein für die konstante und ewige Natur des Lebens.

Round-Leaf Orchid
Rundblättriges Knabenkraut

Unterstützt dabei, mehr und tiefer im Herzen zu leben, und diesen Zustand auch in Zeiten des Chaos und der Verwirrung beizubehalten; fördert Gleichgewicht und Gelassenheit; hilft uns dabei, uns dem Kern einer Sache zu widmen und dabei zu bleiben, ohne uns von der Energie an den Rändern ablenken zu lassen.

Self-Heal
Kleine Braunelle

Fördert Selbstwert und Selbstakzeptanz, und weitet die Liebe und das Mitgefühl für uns selbst aus; hilft dabei, das Vertrauen in die Fähigkeit unseres Körpers, sich selbst zu heilen, zu stärken.

Star Gentian
Sumpfenzian

Fördert die Kooperation zwischen den in uns existierenden Polaritäten, damit wir unsere Energie besser auf unsere höheren Ziele fokussieren können; hilft Männern, ihr spirituelles Selbstbild wieder in Anspruch zu nehmen und dem göttlichen Weiblichen zu dienen; hilft dabei, ein höheres Maß an Gleichgewicht und Ausgeglichenheit zwischen Männern und Frauen zu erzeugen, denn beide dienen dem höheren Zweck.

Starflower
Siebenstern

Eine lindernde, tröstende Energie voller Reinheit, Läuterung und Unschuld; fördert die Individualität und den freien Ausdruck des **Selbst**; ermöglicht uns, das Gefühl für uns selbst auch in Menschenmengen zu behalten, indem die Verbindung zur Erde gestärkt wird, egal ob man um Ressourcen kämpfen muss oder zu wenig Platz vorhanden ist.

Stinging Nettle
Brennnessel

Hilft hochsensiblen Menschen, mit der Erde und ihren Gefühlen verbunden zu bleiben; heilt das Gefühl der Entfremdung in denjenigen, die tief verletzt wurden und dazu neigen, die Menschen wegzustoßen, denen sie eigentlich nahe sein wollen; fördert das Sich-wieder-verbinden und die Erdung, nachdem man von zu viel Information überwältigt wurde.

Valerian
Echter Baldrian

Hilft uns dabei, einen Gang herunterzuschalten, um unsere Prioritäten zu erkennen, besonders wenn wir uns unter Druck fühlen, etwas zu tun oder zu entscheiden; fördert die Harmonie in Beziehungen; hilft Gruppen dabei, eine friedliche Gemeinsamkeit zu finden.

White Lupine
Alaska-Lupine

Unterstützt das Erwachen eines neuen Archetyps männlicher Spiritualität; stimuliert das Loslassen von familiären oder tribalen karmischen Verhaltensmustern, sowie angesammelten alten Wunden und Kummer, ohne sich daran festzuklammern.

Wild Sweet Pea
Wilder Süßklee

Fördert Leichtigkeit und Zuversicht in unseren Interaktionen mit anderen; hilft uns dabei, unser Bestes zu tun, um anderen zu dienen.

Yellow Paintbrush
Gelber Malpinsel

Fördert das Loslassen von emotionalen Frustrationen und gefühlten Selbstbegrenzungen, die unseren kreativen Ausdruck blockieren; hilft uns dabei, das Herz zu öffnen und zu reinigen, damit es als Kristallisationspunkt, dienen kann, an dem wir unsere kreativen Energien miteinander teilen.

Yellow Violet
Zweiblütiges Veilchen

Angstlosigkeit; gibt uns die Stärke und Zuversicht, die Essenz unseres Seins ohne Begrenzungen, Kompromisse oder Verlegenheit und in allen Situationen selbstverständlich auszudrücken; schützt den Vorgang des verbalen Ausdrucks, besonders wenn es eine Herausforderung oder Streit in Bezug auf das gibt, was gesagt werden muss.

EDELSTEINESSENZEN

Amazonite
Amazonit

Ermöglicht uns, emotionale Stärke zu finden, indem wir auf freudvolle Weise alte emotionale Belastungen auflösen; hilft uns dabei, uns mit dem Wasserelement und unserer uralten Abstammung aus dem Wasser zu verbinden; fördert eine Reinigung des Herzens und der Emotionalkörper, damit wir leichter mit anderen Lebewesen kommunizieren können.

Amber
Bernstein

Hilft uns dabei, unsere Beziehung zu unserem Körper neu zu definieren, ganz besonders in Bezug auf unsere Einstellung zum Altern; hilft uns dabei, mit unseren angeborenen Instinkten, sowie der dem Körper innewohnenden Stärke und Flexibilität in Verbindung zu kommen; entspannt und klärt den Beckenbereich, um einen besseren auf- und absteigenden Energiefluss in der Wirbelsäule zu fördern; passt die energetische Struktur des Körpers an, damit mehr Licht und Energie eintreten, und mit weniger Widerstand zirkulieren kann.

Apophyllite
Apophyllit

Bringt diejenigen Menschen irdisches Gleichgewicht, die zu ätherisch sind; verbessert den Fluss der emotionalen Kommunikation durch das Herz; öffnet das Herzchakra, macht es weicher, und erzeugt ein Gleichgewicht für diejenigen, die zuviel Energie in ihrem Kopf fokussieren; hilft uns dabei zu entspannen und das zu teilen, was wir haben; ermöglicht uns, freier mit dem Wasserelement zu interagieren, sowohl im Innen als auch im Außen.

Aragonite
Aragonit

Hilft uns dabei, bei der Heilarbeit vollständig präsent und energetisch mit der Erde, Spirit und dem anderen Menschen verbunden zu sein; unterstützt anschließend das Loslassen der verbundenen Energien, damit beide in den Zustand der energetischen Unabhängigkeit zurückkehren können; für Menschen, die in anderen Dimensionen arbeiten und Probleme haben, auf der physischen Ebene zurück ins Gleichgewicht zu kommen; hilft uns dabei zu lernen, keine Energien oder Informationen von anderen aufzunehmen, die nicht unserem höchsten Wohl dienen.

Black Tourmaline/ Master Quartz
Schwarzer Turmalin/Meisterquarz

Arbeitet auf tiefster Ebene des physischen Körpers, um die Erdung, den Kreislauf und die Stärke zu verbessern; bringt die Beziehung zwischen dem ersten und siebten Chakra ins Gleichgewicht; hilft uns dabei, giftige, in den Chakren gespeicherte Energien, gegen stärkende Energien auszutauschen; stimuliert das planvolle Loslassen alter Gewohnheiten und Muster.

Blue Green Tourmaline
Blau-grüner Turmalin

Klärt und erweitert das Herzchakra und richtet es auf eine höher entwickelte Beziehung zum größeren Selbst aus; hilft dabei, dass wir uns öffnen und dauerhaft mehr Frieden und Trost in unserem Sein zulassen; hilft uns dabei, uns auf höhere Frequenzen der Gedanken und der universellen Weisheit einzustimmen und sie zu verkörpern; bringt uns von Ablenkung und Eigensinn zu ruhiger, zentrierter Stärke und Selbstbetrachtung.

Blue Topaz
Blauer Topas

Lindernd, beruhigend und klärend; hilft dabei, mentale Verwirrung aufzulösen; stärkt mentale Klarheit, Fokus und Effektivität; ermutigt den klaren Ausdruck der Identität der Seele durch die Evolution unserer Gedankenprozesse; öffnet unser Bewusstsein für die höheren Funktionen von Verstand und Seele; hilft uns, für uns zu klären, wie unsere spirituelle Identität auf physischer Ebene ausgedrückt werden kann.

Celestite
Coelestin

Öffnet sanft die oberen Chakren, klärt sie und hilft ihnen, sich mit den göttlichen und Engelebenen in Einklang zu bringen; restrukturiert unseren inneren und äußeren Sehsinn, damit wir die Welt klar aus einer spirituellen Perspektive heraus sehen können; heilt Trauer im Herzen aufgrund von Verlust und Trennung; arbeitet auf sehr tiefer Ebene und hilft uns dabei, die Ursachen für körperliche Anspannungen zu erkennen und loszulassen.

Cinnabar
Zinnober

Stimuliert die Klärung von alter karmischer Energie, die in den unteren Chakren des Körpers und in den feinstofflichen Körpern der Erde feststeckt; arbeitet mit den Fußchakren, um den Fluss der Energie aus der Erde in die Beine, und nach oben bis in den Körper zu vergrößern; lenkt das Bewusstsein auf Probleme in unserer Beziehung zu Erde – Probleme, die uns davon abhalten, die Energie aufzunehmen, die wir benötigen, um unseren physischen Körper zu versorgen; hilft uns dabei, Schmerz und tiefe emotionale Traurigkeit loszulassen, die in den unteren Chakren gespeichert sind.

Diopside
Diopsid

Löst selbstzerstörerische Programme aus dem ersten, dem Überlebenschakra auf; taut kristallisierte Ebenen von Angst, Zorn und gefühlter Wertlosigkeit auf, die die Fähigkeit des Herzens blockieren, höhere Bewusstseinsebenen und den göttlichen Willen zu akzeptieren; löst Entfremdung und hilft dabei, Vertrauen und Innigkeit mit allen Königreichen des Lebens aufzubauen; verbessert die Flexibilität und den Austausch im Herzen; unterstützt dabei, durch die Trauer und Traurigkeit der Trennung zu gehen.

Fire Opal
Feueropal

Löst Blockaden in den Energiebahnen, um mehr Erdenergie in den Körper und alle Chakren fließen lassen zu können; hilft dem Körper dabei, zu lernen, wie er diese zusätzliche Energie speichern kann, anstatt sie direkt zu verbrauchen, damit man Reserven schaffen kann; hilft uns dabei weg von „Ich habe Energie" hin zu „Ich bin Energie" zu kommen; unterstützt die langfristige Erholung von Krankheit oder Überanstrengung.

Green Garnet
Grüner Granat

Beruhigend und lindernd; verankert die Energie, den Fokus und das Bewusstsein eines Menschen auf der Erde; fördert vertikale Erdung und horizontale Stabilität; arbeitet mit dem wechselseitigen Fluss von Energie und Information zwischen dem ersten und dem Herzchakra; hilft dabei, eine sanftere und intimere Beziehung zur Erde zu entwickeln; hilft dabei, mehr Erdenergie durch die Füße und in die unteren Chakren zu bringen.

Green Tourmaline
Grüner Turmalin

Ein durchscheinender Stein, der uns dabei hilft, durch die Illusion der Trennung hindurch zu sehen und die Einheit mit allem Leben zu erfahren; hebt den Schleier zwischen der Welt der Menschen und der Natur, damit wir sehen, wie wir uns in allem Leben widerspiegeln, und alle Lebensformen in uns selbst fühlen können.

Green Tourmaline/ Smoky Quartz
Grüner Turmalin/Rauchquarz

Weitet den nach unten gerichteten Energiefluss zwischen dem vierten Chakra und der Erde aus; hilft uns dabei, Energien in die Erde fließen zu lassen, die wir nicht mehr benötigen; fördert die Evolution unserer Kreativität, durch die Weiterentwicklung des Herzens, sowie unserer Beziehungen zu anderen und der Erde; hilft uns dabei, unsere kreativen Energien als ein müheloses Geben aus dem Herzen zu fokussieren; fördert Konzentration und eine klare Bereitschaft während des kreativen Prozesses.

Labradorite
Labradorit

Hilft dabei, die energetische Unterstützung des Lichts für den Körper anzuziehen, aufzunehmen und zu verankern, besonders in Bereichen, in denen dichte oder festgefahrene Energie vorhanden ist; hilft denjenigen wieder Energie zu tanken, die sich verausgabt haben, weil sie ihre eigene Energiereserven aufgebraucht haben; gut für Menschen, die an Lichtmangel leiden (Winterdepression, SAD); hilft zu lernen, wie man verantwortungsvoll und bewusst mit der eigenen Anziehungskraft und Energie umgehen kann, die man nach außen projiziert.

Larimar
Larimar

Dieser Stein beinhaltet die Energie der Gewaltlosigkeit, Sicherheit und Nährung; baut ein Resonanzfeld im Emotionalkörper auf, das die Energie von Schadlosigkeit und Frieden anzieht und speichert; hilft zu entspannen und Nährung zu erhalten, ohne dafür kämpfen zu müssen; hilft Frauen, sich mit ihrer Weiblichkeit sicher zu fühlen; hilft Männern und Frauen zuzulassen, dass ihr innerer Mann der inneren Frau dient; um das Gefühl der Schwesternschaft zwischen allen Frauen, dem Weiblichen und der Göttin zu stärken.

Mangano Calcite
Manganokalzit

Eine sanfte, weiche und sehr beschützende Energie, die uns dabei hilft, absolute Sicherheit im Herzen zu fühlen; arbeitet mit den inneren Dimensionen bzw. der Struktur des Herzchakras, um eine sichere, gebärmutterartige Matrix für die Heilung zu erschaffen; hilft dabei während emotionalen Schmerzes präsent zu bleiben, besonders, wenn er sich wie eine dunkle oder nicht identifizierbare Energie anfühlt; gibt Stärke und Unterstützung, um während schmerzvoller Situationen in einem mitfühlenden und liebevollen Zustand zu bleiben; fördert die Harmonie in Gruppensituationen; hilft Menschen dabei, von Trennung und Fragmentierung zur Einheit zu kommen, und Einheit zu fühlen, selbst wenn sie getrennt sind.

Pink Quartz
Rosa Quarz

Eine liebliche und erhabene Herzenergie, die uns hilft all das zu heilen, was uns im Wege steht, mit offenem Herzen im Hier und Jetzt zu leben; hilft denjenigen, die mit tief gehendem Leiden und Schmerzen zu tun haben, hindurch und schließlich daraus heraus zu kommen, damit sie anderen helfen können, dasselbe zu tun.

Rainbow Hematite
Regenbogenhämatit

Stärkt unsere innere Seh- und Visionskraft, indem er uns hilft, diese zu erden; entwickelt die inneren Fähigkeiten des sechsten Chakras auf ausgeglichene, kalibrierte und praktische Weise; hilft uns dabei, auf emotionaler Ebene nicht aufgrund der Informationen, die wir erhalten oder aufgrund dessen, was wir wahrnehmen, automatisch zu reagieren oder zu verurteilen.

Raspberry Rutile
Himbeerrutil

Bereitet das siebte Chakra darauf vor, Informationen aus höheren Quellen zu empfangen; hilft dabei, die vierdimensionalen Energien in 3D zu übersetzen; hilft uns dabei, die Energie nach einem schockierenden oder traumatischen Erlebnis wieder zurück in den Körper zu bringen; erschafft Stärke und Schutz für das Herz; fördert die flexible und flüssige Bewegung der Energie zwischen dem achten Chakra und dem Herzen; hilft dabei, sich auf die Engelenergien auszurichten und sich ohne Ablenkung auf sie einzustimmen.

Red Quartz
Roter Quarz

Erdend und energetisierend; ein Schutz und ein Behälter für die Energie des zweiten Chakras; hilft dabei, sich der Energien und Informationen besser bewusst zu werden, die man auf dieser Ebene sendet und empfängt.

Rose/Smoky Quartz
Rosen-/Rauchquarz

Synchronisiert das Herz mit den Schwingungen der Erde und der Liebe; hilft dabei, die Energie weg von den Schatten, hin zum Akzeptieren zu bewegen; fördert den Prozess der Klärung und Auflösung von dichten Energien aus Herz und Körper, indem sie Erdung, Selbstakzeptanz und das Bewusstsein des göttlichen Schutzes gestärkt werden.

Rutile
Rutil

Zeigt uns, wie wir zusammen mit den höheren Intelligenzen in der materiellen Welt ko-kreieren können, damit wir mit unserer physischen Struktur arbeiten und sie verändern können, um unsere Bedürfnisse auf dieser Reise besser zu erfüllen; erinnert uns daran, dass wir ein Teil von etwas Größerem sind, das über die Materie hinausgeht und vollkommen intakt ist.

Silver
Silber

Hilft dabei, den physischen und die feinstofflichen Körper in Übereinstimmung mit der universellen Intelligenz und Weisheit zu restrukturieren; verankert die unendliche Struktur der Göttlichkeit im Herzen; erhöht das Bewusstsein für die Anmut, die in unserem Selbst enthalten ist; fördert das ausgeglichene Loslassen von giftigen Energien aus der Aura; stärkt den Fluss der Energie vom Göttlichen Willen durch das Herz- und Kehlchakra und wieder zurück zum Göttlichen, und bringt ihn ins Gleichgewicht.

Star Ruby
Sternenrubin

Fördert ein gesteigertes Bewusstsein für, und scharfe Konzentration auf das Jetzt; hilft dabei, Energie und Informationen in den Körper zu ziehen und sie zu verankern WO MAN GERADE IST; hilft denjenigen, sich zu erden, die sich mit ihren Gedanken verirren, ganz in ihrem Verstand, oder außerhalb des Körpers sind; bringt sowohl die horizontalen als auch die vertikalen Energieflüsse des Körpers ins Gleichgewicht; durchdringt den eigenen Widerstand dagegen, im Jetzt zu sein; gut für Menschen, die sich leicht ablenken lassen, oder sich in ihrem Leben absichtlich ablenken.

Tourmalated Quartz
Turmalisierter Quarz

Arbeitet mit den energetischen Verbindungen zwischen den Chakren und ihren Lichtquellen; reinigt Verstopfungen in diesen Energiebahnen und fördert einen gleichmäßigen Energie- und Informationsfluss zwischen den Chakren; zieht überschüssige Energie aus allen Chakren, den feinstofflichen Körpern und dem physischen Körper ab; bringt die Beziehung zwischen Wurzelchakra und den anderen Chakren ins Gleichgewicht; hilft beim ersten Aufbrechen oder Zerschmettern eines festgefahrenen Musters und kann am Ende eines Heilungsprozesses dafür verwendet werden, zurückgebliebenen energetischen Schutt zu entfernen.

Vanadinite
Vanadinit

Hilft uns dabei, die Energie des Feuerelements zu regulieren und zu lenken; für Menschen, die Feuer im Überfluss haben, bringt er mehr Bewusstsein, wie sie es nutzen können; fördert Flexibilität und die Bereitschaft, während transformativer Prozesse die Verhaftung mit der Materie aufzugeben; hilft dabei, Schmerz zu überwinden, indem man sich eher mit den grenzenlosen Aspekten des **Selbst** identifiziert, als mit dem Ego oder dem kleinen Selbst, das den Schmerz erfährt.

Vesuvianite
Vesuvianit

Bringt ein Bewusstsein dafür, wie man Liebe aus den höheren Dimensionen in eine materielle Form transformieren kann; hilfreich für Menschen, die Probleme damit haben, tiefe, liebevolle Herzensbeziehungen aufzubauen; verbindet uns mit den glänzenden, reinigenden, energetisierenden Aspekten des Feuers; hilft uns dabei, unsere innere Hitze und Leuchtkraft anzunehmen, damit wir voller Zuversicht der Schöpfer unserer Welt sein können.

UMWELTESSENZEN

Augustine Volcano
Augustine Vulkan

Diese Essenz wurde in vier Tagen während mehrerer Eruptionen des Mount Augustine Vulkans auf der südlichen Kenai Halbinsel im südlichen Zentralalaska hergestellt. Der Beginn der Vorbereitungen fiel mit der ersten sichtbaren Asche- und Dampfwolke aus dem Vulkan zusammen.

Mt. Augustine ist eine unbewohnte Insel im Pazifischen Ozean. Sie verkörpert die uralte Vorgeschichte und urzeitliche Natur des Planeten, und schlägt die Brücke bis in die Gegenwart. Der Ausbruch ist ein Verschmelzen der Elemente auf tiefster Ebene: Wasser und geschmolzener Felsen verwandeln sich in Asche, Lava und Dampf.

Die Augustine Volcano Essenz hilft uns dabei, aufgestaute Energie und nicht ausgedrückte Emotionen auf positive Weise zu lösen. Sie kann uns dabei unterstützen, mit dem, was in uns noch nicht gelöst ist, in Kontakt zu kommen, damit wir uns anschließend mit dem Rhythmus und der Energie verbinden können, um sie auf angemessene Weise im Außen auszudrücken.

Die Hauptlektion, die uns diese Essenz lehrt, ist, dass es wichtig ist damit zu beginnen, umwälzende und intensive Ereignisse, so wie den Ausbruch eines Vulkans, als wohlwollende Instrumente für eine positive Veränderung zu betrachten. Die Erde hat diese starken, inneren Anpassungen in der Vergangenheit durchlebt, und wird es auch in Zukunft weiter tun. Wenn wir in der Lage sind, sie auf die richtige Weise wahrzunehmen, dann wird es nicht nur leichter, sie zu durchleben, sondern wir können auch die wunderbar kraftvolle Energie, die darin enthalten ist, benutzen, um tiefe, intensive und positive Veränderungen in uns selbst zu unterstützen.

Bog
Moor

Diese Essenz ist im Stepstone Moor in der Nähe der Kachemak Bucht im südlichen Zentralalaska entstanden. Moore sind halbsumpfige Lebensräume, die eine reiche Vielfalt an Pflanzen und Insekten beherbergen. Sie beinhalten die frische neue Energie des Potenzials und flirren voller Überfluss an elementaren Energien. Auf energetischer Ebene sind Moore besondere Gefäße für die Herzenergie des Planeten. Sie repräsentieren ebenso Freiheit, Freude und das Abenteuer der freien Wildnis, der Wildheit und freier Räume. Ihre heilende Kraft für die Menschen ist, dass sie uns helfen, uns vorzubereiten und den

Raum, den wir für neue Erfahrungen bereithalten, auszuweiten. Sie helfen uns dabei zu lernen, wie es ist, mit offenem Herzen und einem weiten Verstand zu leben.

Die Bog Essenz repräsentiert einen Zustand der besonderen Verbundenheit mit der Mutter Erde. Die Erde ist schwanger mit Weisheit, Potenzial, frischer Energie und Neuanfängen, die sich alle in diesem enormen Herzensraum befinden. Bei dieser Essenz geht es um Potenzial – nicht nur die Umsetzung dieses Potenzials, sondern auch um die Fähigkeit, das Potenzial für neue Schöpfungen zu haben. Sie kann dafür benutzt werden, jegliche kreativen Prozesse zu unterstützen, ist aber besonders hilfreich für Frauen, indem sie ihnen hilft, den weiblichen Herzensraum als Kelch für die Erschaffung neuen Lebens, und als Quelle für die nährende Energie für ihre Familie zu halten.

Redoubt Volcano
Redoubt Vulkan

Diese Essenz wurde während der Eruptionen des Redoubt Vulkans in südlichen Zentralalaska im Jahr 2009 hergestellt. Sie beruhigt und lindert unsere Zweifel, Befürchtungen und Ängste, während wir uns der Unvermeidlichkeit des Wandels stellen. Sie hilft uns dabei, uns den Kräften der Natur hinzugeben, die weit über unsere Kontrolle und Vorstellungskraft hinausgehen. Wenn wir das tun, richten wir uns auf ihre magische und transformierende Macht aus.

Solar Eclipse
Sonnenfinsternis

Diese Essenz wurde während der Sonnenfinsternis am 21. Juli 1990 im nördlichen Landesinneren von Alaska hergestellt. Sie ist eine Essenz, die die maskulinen und femininen Energien in Männern und Frauen ausgleicht und harmonisiert. Sie dient zusätzlich der bewussten Ermächtigung des inneren Mannes, besonders, wenn ein Ungleichgewicht durch eine dominante weibliche Energie existiert. Diese Essenz ist in Situationen hilfreich, in denen die Mutter die Verantwortung für alle Aspekte der Entwicklung des Kindes übernommen hat, weil der Vater nicht dazu fähig oder gar nicht da war, oder aber, weil sie nicht dazu bereit war, die Verantwortung mit dem Vater zu teilen oder die Kontrolle über das Kind in späteren Jahren loszulassen. In solchen Fällen muss sich das Kind letztlich von der verfinsternden Energie der Mutter losreißen und gleichzeitig lernen, seine eigenen maskulinen Energien zu entwickeln.

Die Solar Eclipse Essenz unterstützt diesen Prozess, indem sie mit dem Menschen arbeitet, um die inneren maskulinen/femininen Dynamiken ins Gleichgewicht zu bringen. Sie tut dies, indem sie den Fokus und das Bewusstsein darauf lenkt, was der innere Mann braucht, um zu heilen und ins Gleichgewicht zu kommen, und, indem sie hilft, Zugang zur kräftigenden Energie der Sonne zu erlangen. Limitierte Auflage.

Typhoon
Taifun

Diese Essenz wurde während eines Taifuns auf der Izu Halbinsel in Japan hergestellt. Die Mutteressenz beinhaltet den Sturmregen und eine kleine Menge Wasser aus einer lokalen Quelle.

Bei der Taifun Essenz geht es um Hingabe, Vertrauen und Reinigung. Sie lehrt uns, wie wir uns der reinigenden Kraft der Natur mit genügend Vertrauen hingeben können, um die Energie in uns hineinzulassen, ohne zu versuchen, sie auf irgendeine Weise zu blockieren, damit sie ihre heilende Arbeit tun kann. Die Botschaft dieser Essenz ist: „Was auch immer Du nicht mit Absicht und Zweck verankert hast, wird hinweg gespült werden. Konzentriere Dich also auf das, was wichtig ist und lasse den Rest los."

Typhoon ist eine sehr durchdringende Essenz, die sich ihren Weg bis in die dichtesten Ebenen unseres Widerstands bahnt. Sie kann uns auch etwas über Intensität lehren – wie wir mit ihr in unserem Leben arbeiten können und wie wir sie nutzen können, um in der Natur zu ko-kreieren. Limitierte Auflage.

Winter In August
Winter im August

Diese Essenz wurde im Monat August mit Wasser aus geschmolzenem Schnee auf dem grönländischen Eisschild hergestellt. Sie dient der Klärung der eigenen Identität. Sie hilft uns dabei, herauszufinden, was für den eigenen Herzensweg im Leben von Bedeutung ist.

Die Essenz klärt den Verstand, das Herz und die Ebene der Emotionen von allem, was nicht benötigt wird, um wahren FRIEDEN im Leben und auf dem Planeten zu erreichen. Limitierte Auflage.

FORTLAUFENDE TESTLISTE (218)

Diese Testliste ist für Menschen gemacht, die Essenzen per Muskeltest, Pendel, Biotensor oder irgendeine andere Art austesten möchten. Sie enthält alle Alaska Einzelessenzen und Mischungen in fortlaufender Nummerierung, so dass Sie einfach über ihre Nummer ausgetestet werden können.

Hinter dem Namen der Essenz steht die Nummer der Seite, auf der Sie die Informationen zur jeweiligen Essenz in diesem Buch finden können.

Die Liste enthält insgesamt 218 verschiedene Essenzen.

1.	Alaska Violet	53	28.	Bog Blueberry	11
2.	Alder	9	29.	Bog Candle	54
3.	Alpine Azalea	9	30.	Bog Rosemary	11
4.	Amazonite	60	31.	Brazilian Amethyst	30
5.	Amber	60	32.	Brazilian Quartz	30
6.	Angelica	53	33.	Bunchberry	11
7.	Animal Care	43	34.	Calling All Angels	45
8.	Apophyllite	60	35.	Carnelian	30
9.	Aquamarine	29	36.	Cassandra	12
10.	Aragonite	60	37.	Cattail Pollen	12
11.	Augustine Volcano	67	38.	Celestite	61
12.	Aventurine	29	39.	Chalice Well	39
13.	Azurite	30	40.	Chiming Bells	12
14.	Balsam Poplar	10	41.	Chocolate Lily	54
15.	Beyond Words	44	42.	Chrysocolla	31
16.	Black Spruce	10	43.	Chrysoprase	31
17.	Black Tourmaline	30	44.	Cinnabar	62
18.	Black Tourmaline/ Master Quartz	61	45.	Citrine	31
			46.	Cloudberry	54
19.	Bladderwort	10	47.	Club Moss	54
20.	Bleeding Heart	53	48.	Columbine	12
21.	Bloodstone	30	49.	Comandra	13
22.	Blueberry Pollen	11	50.	Comfrey	54
23.	Blue Elf Viola	10	51.	Cotton Grass	13
24.	Blue Green Tourmaline	61	52.	Covellite	31
25.	Blue Poppy	53	53.	Cow Parsnip	13
26.	Blue Topaz	61	54.	Crowberry	54
27.	Bog	67	55.	Dandelion	14

56.	Devil's Club	55
57.	Diamond	31
58.	Diopside	62
59.	Dwarf Fireweed	55
60.	Easy Learning	45
61.	Emerald	31
62.	Enchanter's Nightshade	55
63.	Fairy Slipper	55
64.	False Hellebore	55
65.	Fire Opal	62
66.	Fireweed	14
67.	Fireweed Combo	46
68.	Fluorite	32
69.	Fluorite Combo	32
70.	Forget-Me-Not	14
71.	Foxglove	14
72.	Full Moon Reflection	39
73.	Gigha Quartz	40
74.	Glacier River	40
75.	Goatsbeard	55
76.	Go-Create	46
77.	Gold	32
78.	Golden Corydalis	15
79.	Grass of Parnassus	15
80.	Green Bells of Ireland	15
81.	Green Bog Orchid	15
82.	Green Fairy Orchid	16
83.	Green Garnet	62
84.	Green Jasper	32
85.	Green Tourmaline	63
86.	Green Tourmaline/ Smoky Quartz	63
87.	Grove Sandwort	16
88.	Guardian	47
89.	Hairy Butterwort	16
90.	Harebell	16
91.	Hematite	32
92.	Herkimer Diamond	32
93.	Horsetail	17
94.	Icelandic Poppy	17
95.	Jacob's Ladder	17
96.	Jadeite Jade	33
97.	Kunzite	33
98.	Labradorite	63
99.	Labrador Tea	17
100.	Lace Flower	18
101.	Ladies' Mantle	56
102.	Ladies' Tresses	18
103.	Lady's Slipper	18
104.	Lamb's Quarters	18
105.	Lapis Lazuli	33
106.	Lapland Rosebay	56
107.	Larimar	63
108.	Lavender Yarrow	56
109.	Liard Hot Springs	41
110.	Lighten Up	48
111.	Lilac	56
112.	Malachite	33
113.	Mangano Calcite	64
114.	Moldavite	33
115.	Monkshood	19
116.	Montana Rhodochrosite	33
117.	Moonstone	33
118.	Moschatel	19
119.	Mountain Wormwood	19
120.	Nootka Lupine	56
121.	Northern Coral Root	56
122.	Northern Green Orchid	57
123.	Northern Lady's Slipper	19
124.	Northern Lights	41
125.	Northern Twayblade	20
126.	One-Sided Wintergreen	20
127.	Opal	34
128.	Opium Poppy	20
129.	Orange Calcite	34
130.	Pale Corydalis	57
131.	Paper Birch	20
132.	Pasque Flower	57
133.	Pearl	34
134.	Peridot	34
135.	Pineapple Weed	21
136.	Pink Quartz	64

137. Polar Ice 41
138. Portage Glacier 41
139. Potato 57
140. Pregnancy Support.............48
141. Prickly Wild Rose 21
142. Purification 49
143. Purple Poppy ...., 57
144. Pyrite 34
145. Rainbow Hematite 64
146. Raspberry Rutile 64
147. Red Elder 57
148. Redoubt Volcano.................68
149. Red-Purple Poppy...............58
150. Red Quartz 65
151. Reindeer Moss 58
152. Rhodochrosite......................34
153. Rhodolite Garnet 34
154. River Beauty 21
155. Rock Spring 41
156. Rose Quartz..........................35
157. Rose/Smoky Quartz 65
158. Round-Leaf Orchid 58
159. Round-Leaved Sundew 21
160. Ruby 35
161. Rutilated Quartz 35
162. Rutile.....................................65
163. Sapphire 35
164. Sapphire-Ruby 35
165. Scepter Amethyst.................35
166. Self-Heal 58
167. Shooting Star 22
168. Silver 65
169. Single Delight.......................22
170. Sitka Burnet 22
171. Sitka Spruce Pollen 22
172. Smoky Quartz.......................36
173. Soapberry..............................23
174. Solar Eclipse 68
175. Solstice Sun 42
176. Soul Support 50
177. Spectrolite............................36
178. Sphagnum Moss 23
179. Spiraea.................................23
180. Starflower.............................58
181. Star Gentian 58
182. Star Ruby 65
183. Star Sapphire 36
184. Sticky Geranium...................23
185. Stinging Nettle.....................59
186. Stone Circle..........................42
187. Sugalite................................36
188. Sunflower 24
189. Sweetgale.............................24
190. Sweetgrass............................24
191. Tamarack 24
192. Tidal Forces 42
193. Tiger's Eye 36
194. Topaz 36
195. Tourmalated Quartz 66
196. Travel Ease...........................50
197. Tundra Rose 25
198. Tundra Twayblade................25
199. Turquoise.............................. 37
200. Twinflower............................25
201. Typhoon 69
202. Valerian................................59
203. Vanadinite............................66
204. Vesuvianite...........................66
205. Watermelon Tourmaline 37
206. White Fireweed....................25
207. White Lupine 59
208. White Spruce 26
209. White Violet.........................26
210. Wild Iris................................26
211. Wild Rhubarb 26
212. Wild Sweet Pea 59
213. Willow 27
214. Winter In August..................69
215. Yarrow 27
216. Yellow Dryas 27
217. Yellow Paintbrush 59
218. Yellow Violet 59

BEZUGSQUELLEN

Die Essenzen, Bücher und Kartensets von den Alaska Essenzen können in Deutschland, Österreich und der Schweiz bezogen werden bei:

Der Essenzenladen
Schweinheimer Str. 6 B
63739 Aschaffenburg

Tel.: +49 6021 22001
Fax: +49 6021 22010
E-Mail: info@essenzenladen.de
http://www.essenzenladen.de

Für Bestellungen aus dem nichteuropäischen Ausland finden Sie einen Distributor in Ihrer Nähe auf der offiziellen Website des Alaskan Flower Essence Projects:

http://www.alaskanessences.com

LITERATUR

Das Buch zu den Alaska Essenzen von Steve Johnson mit ausführlichen Beschreibungen und Farbbildern ist auch auf deutsch erhältlich:

Steve Johnson:
Alaska Blütenessenzen
Verlag Gesundheit & Entwicklung, Schaffhausen (CH)

ISBN: 978-3-9520830-3-1

Zu den 72 Blütenessenzen ist ebenfalls ein Kartenset erhältlich.